Die Hand, Bote des Herzens

Ein Weg zum Sein
Durch Gestützte Tiefenkommunikation

Von Martine Garcin-Fradet

Vorwort von Emmanuel Ransford

Aus dem Französischen übersetzt
von Gertrud Fürst

Transpersonale Psychologie

Die Hand, Bote des Herzens

Herstellung und Verlag:
BoD – Books on Demand, Norderstedt
ISBN 978-3-7322-3677-0

VORWORT

Dieses Buch ist ein Geschenk. Beim Lesen dieser Seiten führt es uns über Zeugenaussagen und Überlegungen der Autorin tief ins Herz der Menschen. Sanft und einfühlsam bringt es uns an die Stelle, wo sich individuelle Grenzen auflösen, wo sich Trennlinien verwischen, um eine Einheit und Ganzheit aufzubauen. Es erteilt uns eine wunderbare Lektion des Lebens, der Aufgeschlossenheit und der Toleranz. Ich habe es mit wahrer Freude gelesen.

Martine Garcin-Fradet beginnt mit autobiografischen Berichten, die ihren persönlichen und beruflichen Lebensweg schildern. Sie berichtet auch über den ergreifenden – manchmal ungeahnten – Reichtum des Menschen, den sie über eine Technik, die Gestützte Tiefenkommunikation (im Englischen *Facilitated Communication*, FC), entdeckt hat.

Sie lässt uns an eindrucksvollen Ereignissen teilhaben, zum Beispiel, wenn die während einer Sitzung getippten Texte das reichhaltige und tiefgründige Innenleben der gestützten Menschen preisgeben... selbst wenn es sich um Behinderte handelt, die nur eine rein vegetative Präsenz auf der Welt zu haben scheinen!

Eine Sitzung in Tiefenkommunikation besteht darin, die Hand einer Person, die auf einer Tastatur tippt ohne hinzusehen, zu stützen, um das Bewusstsein von der Geste zu dissoziieren. Die Gestützte Tiefenkommunikation gründet auf der *Facilitated Communication*, FC, und wurde durch Anne-

Marguerite Vexiau, die diese Technik aus Australien nach Frankreich brachte, als *Psychophanie* bekannt.

Durch Ablenken der bewussten Aufmerksamkeit der tippenden Person, kann die Hand, dank der Tiefenkommunikation, ihre Geste ohne geistige Kontrolle durchführen. Dies öffnet den Zugang zum Unbewussten und setzt seine Ressourcen frei. Auf diese Weise bringt sie eine doppelte Offenbarung zutage, die sich im getippten Text ausdrückt.

Die erste besteht in der Feststellung der Autorin, dass „die der Sprache nicht mächtige Person, unabhängig von der Behinderung, an welcher sie leidet, über ein gesundes Bewusstsein verfügt, das sich auf einem anderen Realitätsniveau als dem Denk- und Fühlapparat entfaltet."

Also besitzt jeder auch noch so schwer behinderte Mensch einen Teil seiner selbst – seine Seele? – der unversehrt ist. Diese Entdeckung ist erfreulich.

Die zweite Offenbarung ist die der Bindung und der Einheit, also unserer Zugehörigkeit zu einem Ganzen. Sie drängt sich Martine Garcin-Fradet, die folgendes aussagt, regelrecht auf: „Meine Arbeit als stützende Begleiterin hat mir schon bald gezeigt, wie sehr wir alle verbunden sind." Die Tiefenkommunikation nämlich, die die tiefsten Schichten des Wesens berührt, ermöglicht es dem Menschen „einen Teil seiner selbst auszudrücken, zu dem er normalerweise keinen Zugang hat."

Dieses Teilhaben am Ganzen, diese intime Konnexion oder diese Anbindung, umfasst vor allem unsere unbewusste Bindung an unsere entfernten Vorfahren.

Unser transgenerationales Erbe ist Teil der unsichtbaren Einflüsse, die uns aufbauen. Das ist die empirische Erkenntnis, der die Autorin gegenüber steht.

Martine Garcin-Fradet führt uns mit Einfühlvermögen und Talent in die Tiefen der Psyche. Sie lässt uns entdecken, dass unsere Handlungen manchmal durch unbewusste Familienloyalitäten gesteuert werden, als ob unsere Zellen Spuren trügen, die wir von unseren Vorfahren und dem von ihnen Erlebten geerbt haben. In den meisten Fällen schränken uns diese Loyalitäten ein und hindern uns daran völlig wir selbst zu sein.

Woher kommt diese Angebundenheit eines jeden an das Ganze des Universums? Warum besteht unsere Welt aus gegenseitiger Abhängigkeit und sichtbarer sowie unsichtbarer Solidarität?

Die Wissenschaft ermöglicht es uns heute, auf diese Fragen zu antworten. Sie schlägt die Hypothese einer Psychomaterie vor, die unsichtbare Bande zwischen den Lebewesen und Dingen dieser Welt webt. Gerade diese Bande sind es, die uns an das große Ganze des Universums binden. (Der Begriff Psychomaterie, der aus der Quantenphysik stammt, wird im Kapitel 12 erläutert.)

In der täglichen Praxis spricht die Anbindung die Sprache des Herzens, deren Bote die tippende Hand wie auch die stützende Hand ist. Denn, so Martine Garcin-Fradet, das Ganze besitzt ein Bindemittel und das heißt Liebe.
Ist unsere Welt, vom Siegel der Liebe gezeichnet, die ihr Zusammenhalt bietet, nicht wunderbar?

Wenn man sich schließlich auf lebendige Weise mit dem Ganzen verbindet, findet man Zugang zu dem Sinn, der, so die Autorin, aus dem Kontakt hervorgeht, welcher „sich mit unserem eigentlichen Wesen bildet." Dieser Kontakt ist befreiend. Er verbindet das Wesen mit seinen unbewussten Ressourcen und seinem Heilpotenzial.

Außerdem, unterstreicht die Autorin, bezweckt die Stützung, dass der Gestützte seine Antworten selber finden kann. Sie ermöglicht die Harmonisierung des Bewusstseins mit dem persönlichen und dem kollektiven Unbewussten.

Folglich lädt uns dieses Buch ein, den Menschen im Allgemeinen und den Behinderten insbesondere mit anderen Augen zu betrachten. Es ist belebend und spannend und trägt dazu bei, einen Humanismus aufzuzeichnen, der auf einer globalen Betrachtung des Menschen fundiert.

Martine Garcin-Fradet behauptet, dass „in jedem ein wunderbares Liebespotenzial schlummert, das zum Leben erwacht, sobald man einen geeigneten Raum für seinen Ausdruck schafft." Diesen Raum öffnet sie durch ihre Lebensweise und ihre Art, diesen therapeutischen Prozess zu praktizieren. Mehr noch, sie öffnet ihn mit ihren außerordentlichen menschlichen Qualitäten (Respekt, Zuhören, Empathie).

Die Welt, die sie uns enthüllt steckt voller schöner Überraschungen, die das Herz erfreuen. Was mich betrifft, so hat es meine Sicht der anderen, meiner selbst, des Leidens und des Lebens geändert. Ein großes Dankeschön, Martine!

Die Hand, Bote des Herzens

Emmanuel RANSFORD

Die Hand, Bote des Herzens

Dieses Buch wurde in Zusammenarbeit mit Muriel, Alain, Anne-Christine, Florence, Margaux und Juliette geschrieben.

Und Dank auch all den Personen, die Vertrauen zu mir hatten und mir für eine oder mehrere Sitzungen ihre Hand anvertraut haben.

Ich danke all denjenigen, die einverstanden waren, dass ich Auszüge der mit Unterstützung meiner Hand getippten Texte zitiere.

Die Geschichten sind wahr, manchmal überarbeitet, um die Anonymität der Betroffenen zu wahren. Die Vornamen sind erfunden, außer den oben erwähnten.

Die Teilnehmer der von mir geleiteten Ausbildungskurse haben weitgehend dazu beigetragen, dass ich mich zur Formgebung meiner Betrachtungen entschloss.

Die Hand, Bote des Herzens

EINLEITUNG

Des Menschen Seele gleicht dem Wasser :
Vom Himmel kommt es,
Zum Himmel steigt es,
Und wieder nieder
Zur Erde muß es,
Ewig wechselnd
"Gesang der Geister über den Wassern"
Johann Wolfgang von Goethe

Das Leben hat ergeben, dass ich allmählich vom Lehrdienst zum Begleitdienst übergewechselt bin.

Dieses Buch erzählt vom Weg, den ich gegangen bin und den Entdeckungen, die ich dank der Gestützten Tiefenkommunikation gemacht habe.

Mein Anliegen ist es nicht, hier ein Arbeitsmodell darzustellen. Ich begleite diejenigen, die zu mir kommen, so gut ich kann mit meinen eigenen Zweifeln und meinen eigenen Ungewissheiten.

Ich habe Arbeitshypothesen aufgestellt und bemerkt, dass sie denjenigen, die ich begleite, Zugang zu einem besseren Befinden ermöglichten. Es sind nur Hypothesen, mehr nicht.

Vor drei Jahren habe ich beschlossen, meine Erfahrungen niederzuschreiben, um mit dem Leser den Reichtum, der sich durch die Gestützte Kommunikation auftut, zu teilen. Seit dem Erscheinen meines Buches *„CPA, Un chemin vers l'être par la communication profonde accompagnée"* (CPA, ein Weg zum Sein durch gestützte Tiefenkommunikation) hat sich meine Arbeitsweise allmählich geändert. Es wurde mir bewusst, wie wichtig der Körper bei der inneren Wandlung ist, die von der Gestützten Tiefenkommunikation begünstigt wird. Ich habe auch festgestellt, dass mir die Körperhaltungsarbeit, die ich über die Alexander-Technik gelernt habe, Zugang zu einem immer konkreteren Register bei der Begleitung sprachgestörter Menschen ermöglichte. Diese Erkenntnisse haben mich veranlasst, gewisse Stellen meines ersten Buches zu überarbeiten, damit es getreu die Fortentwicklung meiner Arbeit widerspiegelt. Der gewählte Titel entspricht der Art und Weise, wie ich Kindern erkläre, was sich während der Sitzung abspielen wird: „Deine Hand wird Dinge sagen, die dein Herz kennt, nicht aber dein Kopf."

Die Technik, die meiner Arbeit zugrunde liegt, ist hauptsächlich eine Begleitung, die den Betroffenen hilft, mit ihren eigenen inneren Ressourcen Kontakt aufzunehmen. Aus dieser Begleitung erwacht eine Dimension des Menschen, zu welcher das Leben selten Zugang gewährt.

Jeder von uns ist gleichzeitig einzigartig und doch Bestandteil eines Ganzen, das ihn einschließt und hält. Unser Leben fußt auf einem Familiensystem, welches wiederum von der umgebenden Kultur beeinflusst ist. Die Sprache, die wir sprechen und die Geschichte des Landes, in dem wir erzogen wurden, haben unsere Individualität geprägt. Kriegsgeschehen und Naturkatastrophen, die unsere Ahnen heimgesucht haben, sind ebenfalls Bestandteil der Erinnerungen, die eine einschlagende Wirkung auf unser Leben haben.

Und dennoch existiert außerhalb dieser markierenden Ereignisse und ihren Auswirkungen ein unbeschädigtes Bewusstsein, das sich im Laufe der Erfahrungen, die das Leben uns erleben lässt, ausdehnt.

Die Gestützte Tiefenkommunikation enthüllt diesen Aspekt des Wesens, der sich erweitert während wir die mehr oder weniger schmerzhaften Erfahrungen, die unseren Lebensweg säumen, verarbeiten.

Die Hand, Bote des Herzens

KAPITEL 1

EINE ENTSCHEIDENDE WENDE

Das Leben führt uns manchmal an Stellen, wohin wir eigentlich gar nicht gehen wollen, dahin wo unsere Widerstände so stark verankert sind, dass das Schicksal Tricks anwenden muss, um uns Schritt für Schritt auf den Weg zu bringen, der uns erwartet. Es wird uns sogar mit viel List an der Nase herumführen... So ist es jedenfalls mir ergangen. Heute erkenne ich, wie sich mein ganzes Leben lang eine gewisse Kohärenz zwischen die chronologischen Etappen gemischt hat.

Ein Blick in die Vergangenheit macht mir die vielen kleinen Sterben und Wiedergeburten bewusst, die mich dahin gebracht haben, wo ich heute bin. Das begann bereits sehr früh: ich bin in Uruguay geboren und habe meine ersten vier Jahre in Argentinien gelebt, wo sich mein Vater aus beruflichen Gründen niedergelassen hatte. Ich habe gleichzeitig französisch und spanisch gelernt. An diese Zeit habe ich kaum Erinnerungen, aber meine Eltern haben mir oft erzählt, mit welcher Leichtigkeit ich von einer Sprache zur anderen überjonglierte und mich auf den Spielplätzen zum Dolmetscher machte, um meine Spielkameraden miteinander in Verbindung zu bringen. Eine berufliche Katastrophe zwang meine Eltern, Argentinien überstürzt zu verlassen und ruiniert nach Frankreich zurückzukehren. Das war der erste große Bruch, ich verlor alle meine Bezugspunkte. Auf alle Anregungen, spanisch zu sprechen, antwortete ich auf Französisch, bis meine Eltern, des Kampfes müde, aufgaben. So vergaß ich das Spanische ziemlich rasch, vielleicht in dem Bemühen, mich an meine neue Umgebung anzupassen.

Der zweite große Bruch fand statt, als meine Mutter starb. Ich war damals fünfzehn Jahre alt, hatte keine Geschwister, aber einen verstörten Vater. Ich lernte schnell, mich zurechtzufinden und nur auf mich selbst zu bauen. Die Kindheit fand ein brutales Ende und die Jugend fiel ganz aus.

Ich bin schon immer fasziniert gewesen vom Geheimnis der Worte, die trotz allen Unterschieds von einer Sprache zur anderen, dieselbe Wirklichkeit ansprechen. Ich begann Deutsch zu studieren, spezialisierte mich in Linguistik und unterrichtete einige Jahre lang.

Die Begegnung mit dem Mann, der später mein Gatte wurde, stürzte mich in eine andere Welt. Er arbeitete damals in Dubai, wohin ich ihm folgte. Wir haben fast zwei Jahre lang in Saudi Arabien, in dem Dorf Khafji nahe der kuwaitischen Grenze gelebt. Ich begann Arabisch zu lernen und verweigerte die den europäischen Frauen empfohlene Quasi-Eingeschlossenheit. Weil das Autofahren den Frauen verboten war, kaufte ich ein Fahrrad, um die Umgebung zu erkunden. Die saudiarabischen Frauen empfingen mich mit sehr viel Herzlichkeit und ich entdeckte eine ganz andere Welt. Wieder einmal musste ich in Bezug auf meine alten Gewohnheiten das Loslassen üben.

Jahre später, nach einer Rückkehr nach Frankreich und einem Abstecher nach Singapur, ließen wir uns mit drei kleinen Kindern in Japan nieder. Unser Ältester war dreieinhalb Jahre alt und unsere Jüngste zwei Monate. Die ersten Monate in Tokio habe ich als eine totale Entwurzelung erlebt. Noch nie waren meine Gewissheiten so stark erschüttert worden. Alle grundsätzlichen Werte, auf die ich mich sogar in Arabien stützen konnte, zerbarsten, wie ein von Termiten zerfressenes Gebälk. Dieses Land erschien mir zunächst grausam, bis ich verstand, dass die soziale Bindung auf völlig anderen Werten ruhte, als in den von jüdisch-christlicher Kultur geprägten Gesellschaften. Um mich nicht länger isoliert zu fühlen, musste ich den nötigen Schritt tun, um mich in die Gemeinschaft des Viertels, in dem wir wohnten, zu integrieren. Von da an wusste ich, dass ich auf unerschütterliche Hilfe zählen konnte.

Ich verbrachte viele Stunden mit dem Lernen der Sprache in Wort und Schrift. Allmählich machte ich mir eine andere Funktionsweise zu Eigen.
Mit den Ideogrammen entdeckte ich einen anderen Zugang zur Sprache. Das Ideogramm enthält eine Menge Informationen. Das Wort ist nicht geradlinig, es wird zur Sphäre mit reichhaltigem symbolischem Inhalt.

Die Adoption unseres vierten Kindes, eines kleinen Mädchens koreanischer Abstammung setzte einen wichtigen Grundstein auf meinen Weg zur Erkenntnis, dass der Mensch einem Ganzen angehört, das über die Kulturen hinausgeht, einem Ganzen, dessen Zusammenhalt die Liebe ist.

Heute kann ich feststellen, wie sehr mich dieser Umweg über andere kulturelle Umgebungen auf meine jetzige Tätigkeit, die Gestützte Tiefenkommunikation, vorbereitete.

Doch damals ließ nichts diese entscheidende Wende, die sich ankündigte, sobald ich mit diesem neuen Werkzeug vertraut war, voraussehen.

Während dieser Jahre im Ausland, hatte ich zeitweise meine Lehrtätigkeit wieder aufgenommen, soweit die Umstände dies ermöglichten. Nach unserer Rückkehr nach Frankreich hatte ich in dem Privatgymnasium, in dem ich unterrichtete, sehr bald das Gefühl zu ersticken.

Nach und nach bildete ich mich darin aus, Kindern mit Schwierigkeiten zu helfen. Die Arbeit mit Isabelle Filliozat in emotionaler Grammatik und Begleitung im Ausdrücken von Emotionen, öffnete mir neue Türen. Meine Ausbildung in Freiem Wachtraum in der Psychotherapie bei Georges Romey und eine Kur im Wachtraum[1] verbanden mich mit der Macht der Symbole, die ich beim Studieren der Ideogramme bereits vorausgeahnt hatte.

Und schließlich trugen die von Pierre Weil[2] gehaltenen Seminare dazu bei, mein Bewusstsein der Verbindung zwischen den verschiedenen Lebensformen untereinander zu wecken.

All diese Schritte, die es mir ermöglichten, bewusst voranzugehen und mich besser zu kennen, gingen

---

[1] Der freie Wachtraum, von Georges Romey in Frankreich eingeführt, ist eine leicht zugängliche therapeutische Methode. Der Klient liegt mit geschlossenen Augen in einem leicht entspannten Zustand und der Therapeut lädt ihn ein, so frei wie möglich die auftauchenden Bilder, Erinnerungen, Emotionen usw. auftauchen zu lassen und dabei das spontan gebildete Szenario, so wie es abläuft, zu beschreiben. Die Bilder werden dann vom Therapeuten interpretiert. Auf diese Weise wird die Bewusstmachung beschleunigt und der Evolutionsprozess verstärkt.

[2] « L'art de vivre la vie » (Die Kunst das Leben zu leben) umfasst acht von Pierre Weil abgefasste Seminare. Er unterrichtet, wie man das Bewusstsein, inneren Frieden, Frieden mit anderen und mit der Natur zu erleben, entwickeln kann.

zunächst aus meinem Wunsch hervor, Kindern mit schulischen Schwierigkeiten zu helfen. Sie waren von meinem Bemühen als Lehrerin angetrieben: wie kommt es, dass intelligente Kinder in ihrem Lernprozess blockiert sind? Wie können wir Erwachsene ihnen helfen, ihr vorhandenes Potenzial bestmöglich zu nutzen?

Diese Schritte dienten ebenfalls den Überlegungen einer kleine Gruppe, der ich angehörte, mit dem Projekt, eine andersartige Schule zu gründen.

Die Schule kam niemals zustande und ich musste mich schließlich dem Schicksal beugen, das mich unerbittlich auf einen anderen Weg schob. Die Weichen haben sich gestellt, ohne dass ich es bemerkte.

Eine Freundin gab mir einen Artikel aus der Zeitung „Le Monde" zu lesen, der von Gestützter Kommunikation handelte. Meine erste Reaktion war: Das ist eine fantastische Erfindung, aber nichts für mich, dafür habe ich keinerlei Begabung. Meine Freundin nahm an einem ersten Ausbildungskurs teil, kam begeistert zurück und drängte mich das Buch von Anne-Marguerite Vexiau zu lesen: „Je choisis ta main pour parler"[3] (Ich wähle deine Hand, um zu sprechen). Die Lektüre des Buches berührte mich, wühlte mich auf, mein Widerstand wurde unmerklich schwächer. Dieselbe Freundin schlug mit vor, eines ihrer Versuchskaninchen zu spielen. So erlebte ich den Vorgang von innen. Immer mehr berührt, verlor ich dennoch nicht mein erstes Ziel aus den Augen: Kindern zu helfen, ihre Blockaden abzubauen, um das

---

[3] Anne-Marguerite Vexiau « Je choisis ta main pour parler » (Ich wähle deine Hand, um zu sprechen), Verlag Robert Laffont, 2005

schulische Lernpensum ungehindert anzugehen. Würde mir dieses Werkzeug eventuell erlauben, die Blockaden zu identifizieren?

Unterdessen riet mir Renée, eine andere Freundin, deren Intuitionssinn ich kannte, nachdem sie das Buch gelesen hatte: „Du solltest dich ausbilden, das ist etwas für dich." Nun war es mir nicht mehr möglich, die wiederholten Winke des Schicksals zu ignorieren und ich meldete mich für den ersten Ausbildungskurs an.

KAPITEL II

MEINE ERSTEN SCHRITTE

Die von mir verwendete Technik ist einfach: Indem ich die Hand der von mir begleiteten Person stütze, erlaube ich ihr, einen Teil ihrer selbst auszudrücken, zu dem sie normalerweise keinen Zugang hat. Praktisch funktioniert das so: Als „Begleiterin", die die Hand der schreibenden Person stützt, setze ich mich neben sie und achte darauf, dass unsere beiden Stühle genau parallel stehen, um jegliche Verdrehung der Schultern zu vermeiden. Mein rechte, wie eine Schale nach oben geöffnete Handfläche, nimmt die linke Hand mit gebeugten Fingern, außer dem Zeigerfinger der Person, die mich aufgesucht hat, auf. Ihr isolierter und schreibfertiger Zeigefinger kann jetzt auf die vor uns liegende Computertastatur drücken.

Wenn ich mit jemandem arbeite, der nicht unter Kommunikationsschwierigkeiten leidet, achte ich darauf, seine bewusste Aufmerksamkeit abzulenken. Das heißt, ich bitte diese Person, nicht auf die Tastatur zu schauen. Wenn es sich um ein Kind handelt, beschäftige ich es, indem ich ihm Zeichenmaterial installiere. Ich befestige das Blatt mit Klebeband auf meinem Computertisch, damit das Kind es nicht mit seiner linken Hand festhalten muss.

Bei der Arbeit mit gesunden Menschen, stütze ich die nicht dominante Hand und lasse die dominante frei. Ich nehme mir Zeit, mich zu sammeln und „höre" die Hand meines Partners an, das heißt ich bringe mich in einen Zustand der Empfänglichkeit, um jede auch noch so geringe Bewegung zu erfühlen. Nach einigen Sekunden spüre ich einen von seiner Hand ausgehenden Impuls. Die von mir gestützte Bewegung ist damit eingeleitet. Die Hand meines Partners führt mich über die Tasten der Tastatur und die Wörter bilden sich.

So einfach diese Technik auch erscheint, so hat sie mir doch einen langen Lernprozess abverlangt, bis ich mich damit vertraut fühlte.

Schon während des ersten Ausbildungskurses hatte ich die Überraschung, Wörter durch die gestützte Hand entstehen zu sehen. Im Laufe einer vorgeschlagenen Übung, hatte ich als stützende Begleiterin, meine Partnerin, die ich zum ersten Mal traf, dazu gebracht, den Vornamen eines ihrer Kinder zu schreiben. Sie hatte auch die Krankheit, an der ihre Tochter litt, erwähnt. Ich erinnere mich nicht mehr an die Einzelheiten dieses ersten Kurses, aber ich erhielt von Anfang an mehrere Beweise, dass tatsächlich meine Partnerin durch unsere über einer Fotokopie der Tastatur gekreuzten Hände ihre Erlebnisse ausdrückte.

Unter Beweis verstehe ich den Ausdruck einer Information, die der stützende Begleiter nicht kennt, die aber einzig und allein dem Gestützten bekannt ist. Er beweist damit die Tatsache, dass wirklich er es ist, der so in seiner Geste gestützt kommuniziert.

Ich war sehr berührt von dem, was sich während des Kurses ereignet hatte und brauchte Zeit, um diesen neuen Prozess zu verarbeiten und zu vertiefen.

Die Freundin, die mein Interesse für die Gestützte Kommunikation angeregt hatte und die sich selbst in Ausbildung befand, schlug mir regelmäßige Treffen vor.

Wir beschlossen, uns einmal wöchentlich zu sehen und gemeinsam zu trainieren, indem wir uns abwechselnd gegenseitig stützten. Wir führten diese Arbeit fast ein Jahr lang durch. Sie war äußerst aufschlussreich.

Wir stellten rasch fest, dass sich uns in dem Moment, in dem der Impuls spürbar wurde, ein Wort aufdrängte. Woher kam dieses Wort? War es das Ergebnis unserer Einbildung? War es möglich, dass derjenige, der die Hand stützte, den sich tippenden Text eingab?

Wir beschlossen, eine Sperre aufzubauen und das Wort, das auf unserem geistigen Bildschirm erschien, zu verweigern. Sofort verschwand der Impuls. Impuls uns Wort gehören also zusammen. Wenn ich das Wort aussperrte, verhinderte ich den Prozess. Ich verstand demnach, dass ich als Begleiterin wirklich einbezogen war. Wenn ich so tat als würde ich nicht existieren, passierte nichts.

Wir erweiterten unser Experiment: ist es möglich, vorsätzlich ein Wort einzuflößen und vom Partner tippen zu lassen? Auch in diesem Fall verschwand der Impuls. Es beruhigte mich sehr zu erkennen, dass ich die Hand meines Partners nicht dazu zwingen konnte, ein Wort zu tippen, das nicht der Idee entsprach, die er ausdrücken wollte.

Die zahlreichen Erkenntnisse, die wir im Laufe unserer Austausche sammelten, spornten uns zum

Weitermachen an. Sie betrafen die Aspekte unseres ganz individuellen Lebens, deren Einzelheiten wir nicht kannten und bestätigten uns darin, dass sich wirklich die Person, die mit ihrem Zeigefinger auf die Tasten drückt, mithilfe der Stützung ihrer Hand ausdrückt.

So tippte ich, gestützt durch die Hand meiner Freundin: *„Geburt ist Schmerz der Leere, Kontakt von totem Leben bei meiner Geburt und ich ahme nach, ich bremse aus Angst vor eigener Schuld. Ich fordere echtes Geburtsleben ohne den geringsten Schleier des Todes."* Meine Partnerin wusste nicht, dass meine Mutter unter einem Herzfehler litt und ihr ernsthaft abgeraten wurde, ein Kind auf die Welt zu bringen. Meine Geburt hätte den Tod meiner Mutter verursachen können und war wahrscheinlich Grund der Schuldgefühle, die mich lange Zeit verfolgten.

Im Laufe unserer Übungen wurde mir die Verantwortung bewusst, die auf mir lastet, wenn ich so mit jemandem arbeitete. Das Verfahren ist aufwendig. Durch Stützen der Hand, gebe ich etwas von mir her. Es ist unbedingt notwendig, dass ich mir eventueller Übertragungen bewusst bin, um meinem Partner nicht Schatten meiner eigenen Probleme aufzudrängen.

Diese Austausche erlaubten es mir auch, durch unser gegenseitiges Stützen, die Kenntnis meiner selbst zu vertiefen. Ich konnte also den Vorgang erleben, indem ich ihn von innen her erfuhr. Parallel dazu suchte ich eine erfahrene Therapeutin auf und mehrte so die Gelegenheiten, auf diese Weise gestützt zu werden.

Heute stelle ich fest, wie sehr mir diese Erfahrung geholfen hat, die verschiedenen Facetten meiner Seele zu erkennen und mich mit den dunklen Seiten ebenso wie den versteckten Schätzen, deren ich nicht bewusst war, konfrontiert hat.

Nach und nach fasste ich Vertrauen.

Bald kamen Leute zu mir, die mir von einer Psychotherapeutin aus meinem Bekanntenkreis geschickt wurden, um eine Sitzung in Gestützter Tiefenkommunikation zu erleben. Ich hatte zahlreiche Gelegenheiten zu praktizieren.

Am Ende dieses Jahres intensiver Übung, nahm die Organisation meiner Arbeit eine neue Wende. Kurz nach dem dritten Ausbildungskurs und einem Praktikum bei Anne-Marguerite Vexiau, häuften sich die Anfragen von Menschen nach einer Sitzung in Gestützter Kommunikation.

Denise, eine Spezialistin in Akupunktur, fragte mich, ob ich in Gestützter Kommunikation ein kleines Mädchen, Juliette, begleiten könnte. Sie war sprachbehindert und litt unter einer autoimmunen Krankheit, die von Denise behandelt wurde.

Außer während meines Praktikums hatte ich keinerlei Erfahrung im Umgang mit sprachbehinderten Personen gesammelt. Sollte ich diesen Schritt wagen? Ich zögerte, sagte aber schließlich zu. Eine gemeinsame Arbeit begann.

Denise schlug mir später vor, zweimal in der Woche in ihrer Praxis zu arbeiten, um diejenigen Patienten zu begleiten, die es wünschten. Es handelte sich hier um eine psychotherapeutische Begleitung von gesunden Personen, worauf mich meine Ausbildung vorbereitet hatte.

Mein Terminkalender füllte sich viel schneller als geplant. Die eingeschlagene Wende wurde klarer, das Leben stellte mich beinahe vor vollendete Tatsachen. Ich fand mich wie auf einem Schiff, dessen Ziel ich gar nicht richtig kannte. Ich hatte keine andere Wahl als anzunehmen, was geschah.

Ich bin noch heute über diese unerwartete Kehre überrascht und glücklich. Meine neue Tätigkeit macht mir viel Freude und bringt mich mit ungeahnten Schätzen in Verbindung.

KAPITEL III

DIE GESTÜTZTE TIEFENKOMMUNIKATION

Je nach angerufenem Register, gibt die Gestützte Tiefenkommunikation über die Tastatur Aufschluss über die verschiedenen Aspekte des Wesens dessen, der sich ausdrückt.

Die Gestützte Kommunikation, die in den angelsächsischen Ländern *„Facilitated Communication"* genannt wird, benutzt das Register der bewussten Kommunikation und ist für sprachbehinderte Menschen bestimmt. Sie soll ihnen helfen, im täglichen Leben Wahlen zu treffen und Kenntnisse zu erwerben.

Die Gestützte Kommunikation wird in mehreren Ländern angewendet, vor allem in Australien, wo meine Ausbilderin, Anne-Marguerite Vexiau, diese Technik selbst erlernt hat.

In den Vereinigten Staaten bietet die Universität von Syracuse eine Ausbildung in *„Facilitated Communication"* an.

In Deutschland wird die Bezeichnung „Gestützte Kommunikation" verwendet, um als unterstützte oder begleitete Kommunikation dasselbe alternative Kommunikationsmittel zu beschreiben. Ungeachtet des Begriffs, wird diese Kommunikationsart hauptsächlich

27

für sprachbehinderte Menschen verwendet, ohne Rücksicht auf ihr Handicap.

Ziel ist es, den betroffenen Menschen, soweit dies möglich ist, zu gestatten, ihr Leben in die Hand zu nehmen und bewusste sowie erleichterte Wahlen zu treffen und, in gewissen Fällen, eine vollkommene Selbständigkeit in der schriftlichen Ausdrucksweise zu erlangen.

Die Gestützte Tiefenkommunikation, wie ich sie nenne, entspricht dem Ausdruck von unaussprechlich tief Erlebtem über das bewusste Wort. Sie ist ein Werkzeug, das sowohl gesunden als auch sprachbehinderten Menschen bestimmt ist.
Meine eigene Arbeit wurde tief von meiner Begegnung mit Pierre Weil beeinflusst. Es hat mir ermöglicht, die gestützte Kommunikation im Feld der transpersonalen Psychologie zu integrieren. So wurde die Gestützte Tiefenkommunikation geboren.

In beiden Fällen, bewusster und tiefer Kommunikation, spielt die Person, die die Hand stützt, die Rolle eines motorischen, sensorischen und kognitiven Mittlers. Das heißt, dass sie ihrem Kommunikationspartner ihre eigenen „Ausdruckswerkzeuge" zur Verfügung stellt.

Die von dem Neurologen John Eccles entwickelte Hypothese, wonach „die Einzigartigkeit des Bewusstseins oder der Seele von einer Entität herrührt, die sich in einem anderen Realitätsniveau befindet"[4], erleichtert das Verständnis dessen, was sich im Verlauf der Gestützten Tiefenkommunikation abspielt.

---

[4] John Eccles „Wie das Selbst sein Gehirn steuert", Piper Verlag

Egal an welchem Handicap die sprachbehinderte Person leidet, sie verfügt über ein gesundes Bewusstsein, das sich auf einer anderen Realitätsebene entfaltet als der Denk- und Sinnesapparat. Indem sich der Begleiter der begleiteten Person zur Verfügung stellt, wird er zum Empfänger des Bewusstseins seines Kommunikationspartners. Dadurch kann sich dieser ausdrücken, indem er das Gehirn seines Begleiters benützt, wodurch er die Mängel seines eigenen Sinnes- und Denksystems ausgleicht.

Auf diese Weise kann die von mir begleitete Person von meinem eigenen Wortschatz und meinen Denkstrukturen, die ihm mithilfe meiner stützenden Begleitung verfügbar gemacht werden, profitieren. Im Lauf der Jahre, die meiner Einführung in diese neue Methode folgten, hat mich die Erfahrung gelehrt, wie schwierig es ist, auf bewusster Ebene mit sprachbehinderten Personen zu arbeiten.

Lange Zeit glaubte ich, dass meine Besonderheit darin lag, sofort das Register der Tiefenkommunikation zu berühren. Tatsächlich waren in den ersten Jahren, wenn ich ein Kind begleitete, das sich nicht wörtlich ausdrücken konnte und dessen Eltern der Sitzung beiwohnten, die Antworten auf deren präzise Fragen, zum Beispiel über seinen Tagesablauf, oft symbolisch, selten faktisch und genau.

Ich dachte zunächst, dass diese meine Besonderheit durch meine Fähigkeit begünstigt wurde, sprachbehinderte Personen bis in ihr tief Erlebtes zu begleiten. Heute hat sich meine Arbeit weiter fortentwickelt und manche Sitzungen bringen sehr konkrete Ereignisse und Wünsche zu Tage. Ich denke, dass mein Streben nach persönlicher Verwurzelung, das ich die letzten Jahre über stetig weiterverfolgt habe, einfach das Spektrum meiner Ausdrucksmöglichkeiten zugunsten der begleiteten Person erweitert hat.

Das wirklich Wichtige ist die Freude vieler sprachbehinderter Kinder und Erwachsener, wenn sie kommen, um mit mir zu tippen. Sie drücken dies oft aus, indem sie sich auf meinen Schreibtisch stürzen, den Zeigefinger schon zum Tippen ausgestreckt, sobald ich ihnen die Tür öffne. Die Eltern, und in manchen Fällen die Erzieher, teilen mir die offenbarte Freude mit, wenn sie bereits ins Auto steigen, um zur Sitzung zu kommen.

Das abgerufene Register bringt die Person, die mittels meiner Begleitung kommuniziert, mit diesem Aspekt des Wesens, der das Ich übersteigt, in Verbindung.

Die von den sprachbehinderten Menschen getippten Texte berühren ihre Angehörigen zutiefst, auch wenn diese manchmal frustriert sind, keine genauen Antworten auf ihre konkreten Fragen zu bekommen.

Ich benütze die Stützung der Hand auch, um gesunden Menschen zu helfen, wenn sie es wünschen. Dies geschieht oft in Zusammenarbeit mit Psychotherapeuten, die diese Methode kennen.

Ich konnte die immense Auswirkung dieser Art von Begleitung auf den Weg zur Weiterentwicklung der „kommunizierenden" Menschen, die davon profitiert haben, feststellen. Unter Weg zur Weiterentwicklung verstehe ich den Weg zum eigentlichen „Wesen", das wir hinter der Maske unseres Erscheinungsbildes sind.

Soweit ich mich zurückerinnern kann und unabhängig von jeglicher religiösen Lehre, lebte ich von jeher mit der Überzeugung, dass mein Körper nur eine Art Kleidungsstück ist, das ein größeres und bewussteres, bereits vorexistierendes Wesen umhüllt.

Als ich erst 4 oder 5 Jahre alt war, geschah es öfter, dass ich mich in den Arm zwickte und dabei beobachtete, was mit meiner Haut passierte, und gleichzeitig aufpasste, was ich spürte. Ich beobachtete diesen Körper und fragte mich, in welchem Masse er wirklich war. Mit diesen Fragen betrachtete ich mich im Spiegel: Warum bin ich weiß und nicht schwarz, warum bin ich hier in diesem Land, in dieser Familie?

Meine Eltern waren katholisch, ohne ihre Religion wirklich auszuüben. Ich ging in den Religionsunterricht, doch er ließ mich skeptisch.

Inmitten all der drängenden Fragen gab es eine, die mich nicht in Ruhe ließ: Warum wäre Jesus göttlicher als Buddha oder Mohammed? Als Teenager vertrat ich die Meinung, dass sich Gott auf verschiedene Weisen, an verschiedenen Orten, zu verschiedenen Zeiten in der Geschichte offenbarte, und dass er jedes Mal die Erscheinung wählte, die der Notwendigkeit des Augenblicks entsprach.

Ich habe nie den Begriff eines Gottes in Frage gestellt. C.G. Jung spricht von der Unmöglichkeit, einen Beweis der Existenz Gottes zu erbringen. Doch unterstreicht er die psychologische Funktion, die ein Gottesbegriff für den Menschen hat und den der Mensch seiner

31

Meinung nach braucht. Deshalb glaube ich, dass es weiser ist, bewusst die Idee eines Gottes anzuerkennen.

Doch die innere mit dem Begriff einer „höheren Gewalt" verbundene Gewissheit war mir irgendwie unbehaglich. Eine andere Frage stellte sich mir: ist Gott nur transzendent, also gewissermaßen außerhalb des Menschen? Wenn er überall ist gemäß der Lehre, die ich empfangen habe, wie kann er da außerhalb sein?

Und worauf bezieht sich dieser Aspekt von mir, dessen Existenz ich spüre und der sich manchmal bei inneren Erfahrungen offenbart? Was ist die Seele und wie offenbart sich ihre göttliche Natur? Mit zwanzig Jahren begann ich mich für Yoga zu interessieren und las auf der Suche nach einer Antwort alles, was mir in die Finger kam.

Die Begegnung mit der japanischen Kultur zeigte mir die Darstellung eines immanenten Gottes, der in allen Lebensformen anwesend ist. Die shintoistische Religion verehrt den Lebensgeist, der in allen Menschen wohnt, aber auch in Steinen, Flüssen und allen Anzeichen von Leben. Hier fand ich eine mögliche Antwort auf meine inneren Fragen.

Wenn Gott zugleich transzendent und immanent ist, ist er gleichzeitig innen und außen. So kann der göttliche Funken, dessen Existenz ich in mir fühle, diesem Gottesbild entsprechen, das innerhalb jeglichen Lebens vorhanden ist.

Dank meiner Lektüren, konnte ich nach und nach meine eigene Vorstellung verfeinern. Die Bücher, die einen großen Einfluss auf meinen eigenen Werdegang ausübten, kommen aus unterschiedlichen Gesichtsfeldern: vor allem waren die Schriften von C.G. Jung und Marie-Louise von Franz[5], die Bücher von Satprem[6], insbesondere *„Das Mental der Zellen"*, *„Mutter oder der göttliche Materialismus"*, *„Sri Aurobindo oder das Abenteuer des Bewusstseins"* und schließlich *„Die Antwort der Engel"*[7], mitgeschrieben von Gitta Mallasz, für mich besonders aufschlussreich.

In dem Maße, in dem ich etwas von mir hergebe, wenn ich die Hand eines Menschen in Tiefenkommunikation stütze, kann ich mein inneres Vorgehen bei meiner Arbeitsweise nicht ausklammern.

Trotzdem üben meine eigenen metaphysischen Hypothesen keinen Einfluss auf das aus, was mit Bestimmtheit getippt wird, und ich konnte feststellen, wie sehr der Inhalt der Texte das innere Vorgehen eines jeden widerspiegelte.

Aber ich kann nicht leugnen, dass mein spiritueller Weg eine Auswirkung auf meine Arbeit hat, insbesondere in Bezug auf mein Verständnis des Vorgangs. Denn egal welche therapeutische Methode verwendet wird, es ist meines Erachtens nicht nur der rein menschliche Aspekt des Therapeuten, der

---

[5] Marie-Louise von Franz, Studentin bei Jung und später seine Mitarbeiterin, widmete sich vor allem der Interpretation von Mythen, Märchen und Träumen.

[6] Satprem lebte lange in Puducherry bei Mutter und Sri Aurobindo, dem er seinen ersten Essay *„Sri Aurobindo und das Abenteuer des Bewusstseins"* widmete.

[7] *„Die Antwort der Engel"* berichtet über ein spirituelles Erlebnis, das vier junge Menschen von 1943-1944 in Ungarn erlebten: Hanna, Lili, Joseph und Gitta. Sie erhielten 17 Monate lang, oft unter tragischen Umständen, Lehren von einer außerordentlichen Stärke: aus Hannas Mund sprachen ihre jeweiligen „Engel" und übermittelten eine Botschaft, die ihre Existenz veränderte.

beweisen kann, die Heilung des begleiteten Menschen verursacht zu haben.

In Tiefenkommunikation ermöglicht es der stützende Begleiter, dass eine Wandlung stattfindet. Er ist Mittler, Katalysator, der die begleitete Person mit ihrer eigenen Selbstheilungskraft in Verbindung bringt, also mit dem Größten, was sie in sich trägt.

Die Stützung der Hand trägt dazu bei, den Kontakt mit dem, was ich „Wahrheitszentrum" der gestützten Person nennen würde, herzustellen und ermöglicht es, von diesem Zentrum aus alle verborgenen, manchmal dissoziierten, Aspekte der Persönlichkeit aufzunehmen und zu integrieren.

Ziel ist es „ungeteilt" zu werden und das Bewusstsein mit der Annahme und Anerkennung aller Aspekte der Person zu erweitern, indem die Gegensätze innerhalb des Bewusstseins selbst in Einklang gebracht werden. Auf diese Weise wird die Konfrontation beendet und innerer Frieden stellt sich allmählich ein, während die Person den Kontakt mit ihrer spirituellen Abstammung wieder herstellt.

Die therapeutische Wirkung der Methode des Handstützens kommt, meiner Meinung nach, vom Einfließen dieser Dimension des Seins, die über das Menschliche hinausgeht. Dies verleiht den unter Tiefenkommunikation geschriebenen Texten einen besonderen Wert, der großen Respekt einflösst.

Was da passiert übersteigt die Glaubensrichtungen, und bevor ich weitergehe, möchte ich zwei Texte zitieren, mit denen ich mich in völligem Einklang fühle. Der erste ist dem Buch von Marie-Louise von Franz

„Der Schatten und das Böse im Märchen" entnommen und erwähnt die Kraft gewisser innerer Überzeugungen, die sich als wesentlich aufdrängen, auch wenn sie mit der kollektiven Moral im Widerspruch stehen:

„Dieses innere Gesetz hat die Eigenschaft einer Gewissheit, einer Offensichtlichkeit, die bewirkt, dass es allgemein als die Stimme des Bewusstseins, ja sogar Gottes, eines Engels oder eines göttlichen Geistes erfasst wird. Sokrates nannte es seinen „Dämon" *(Daimon)*, die Römer ihr „Genie" *(Genius)* und die Naskapi Indianer von der Labrador-Halbinsel „Mistapeo", „der große Mann, der im Herzen eines jeden Menschen lebt". Wir würden mit Jung sagen, dass diese Figuren den Archetypus des Selbst darstellen, dieses göttliche Zentrum der Psyche, dem in den verschiedenen Kulturen verschiedene Namen und verschiedene Umstände zugeschrieben wurden.[8]"

Der andere Text betrifft das Buch *„Sprung ins Unbekannte"*:

In der Einleitung ihres Buches *„Sprung ins Unbekannte"*, beschreibt Gitta Mallasz besser als ich es könnte die Aktion dieses transzendenten Aspekts, der in jedem von uns wirkt und der sich in der Tiefenkommunikation, ungeachtet des Namens, den er trägt, offenbart:

„Je nach Bewusstheitsgrad, Kultur und Ausprägung des Erkennens wurde diese Kraft von den Menschen

---

[8] Marie-Louise von Franz *„Der Schatten und das Böse im Märchen"*, Knaur Verlag, französische ungekürzte Ausgabe *„L'ombre et le mal dans les contes de fées"*, Verlag J. Renard, 1998

immer wieder anders und mit sehr verschiedenen Namen benannt:

In Japan: *Kami...*
Im Hinduismus: *Deva...*
Im alten Iran: *Fravarti* oder *Daéna...*
Im antiken Griechenland: *Genios...*
Oder *Daimon* bei Sokrates.
Die hebräische Tradition spricht vom *Malach*,
die christliche vom *Angelos* oder *Engel*
und heute bringen wir ihn mit dem Begriff des *Selbst*
oder des *Unbewussten* im weiten Sinne in Verbindung.

All diese Bezeichnungen sind unwichtig.
Wesentlich aber ist, wie diese Kraft in uns wirkt.

Hilft sie uns,
unserer selbst und unserer Erdenaufgabe bewusster zu werden...
unsere Selbständigkeit – selbst ihr gegenüber – zu finden...
uns vom Haften an der Vergangenheit und von der Furcht vor der Zukunft zu befreien... im „Hier und Jetzt" der Gegenwart zu leben...
in Lebensfreude immer neue Entdeckungen zu kosten...
uns nicht nur als Geschöpf, sondern ebenso auch als Schöpfer zu erleben...
für uns selbst und für unsere Umwelt verantwortlich zu werden...
dann ist es eine Liebeskraft,
die zu uns spricht,
dann ist es unsere Hälfte im Licht,
und wir sind ihre dichtere Hälfte auf Erden.[9]"

---

[9] Gitta Mallasz „*Sprung ins Unbekannte*", Daimon Verlag

Ziel der Gestützten Tiefenkommunikation ist es gerade, der gestützten Person über den getippten Text zu ermöglichen, ihrer selbst bewusster zu werden, sich von ihrer Bindung an die Vergangenheit und ihrer Angst vor der Zukunft zu befreien, um zu lernen bei vollem Bewusstsein in der Gegenwart zu leben.

Ziel ist es auch, jedem Menschen zu erlauben, seinen Opferstatus zu verlassen, um für seinen Werdegang verantwortlich und unabhängig zu werden. Der Kontakt mit dem göttlichen Zentrum bewirkt die „Vertikalisierung" des Wesens und die Zurückerstattung an jeden einzelnen der ihm nötigen Autonomie, um allmählich seine Abhängigkeitsmuster zu verlassen.

Um mein „Arbeitswerkzeug" zu bezeichnen, habe ich den Begriff Gestützte Tiefenkommunikation *(Communication Profonde Accompagnée, CPA)* gewählt, weil er mit meiner Art zu arbeiten und mit dem zugrundeliegenden Ziel übereinstimmt.

Die stützende Begleitung findet auf zwei Ebenen statt: einerseits auf der Ebene der Geste, denn durch das Stützen der Hand ermöglicht sie den Zugriff auf die Computertastatur. Auf psychologischer Ebene, andererseits, ist der Begleiter gutwilliger Zeuge, der das Getippte entgegen nimmt. Ziel ist es, der Person zu erlauben, von ihrem Zentrum aus allmählich die noch unbekannten Aspekte ihres Selbst zu integrieren.

Vom psychologischen Standpunkt Jungs aus, bedeutet der Begriff „Selbst" die psychische Ganzheit des Menschen. In seinem Buch *„Der Mensch entdeckt seine Seele"*, beschreibt C.G. Jung das Konzept des

Selbst folgendermaßen: „Das „Selbst", das wir lieben sollen, das sich in uns durch unsere individuelle Existenz offenbart, unterscheidet sich vom Ich. Das Selbst ist unsere psychische Ganzheit bestehend aus dem Bewusstsein und dem unendlichen Ozean der Seele, auf welchem es schwimmt: Meine Seele und mein Bewusstsein, sie sind mein Selbst, in dem ich eingeschlossen bin wie eine Insel in den Wogen, wie ein Stern im Himmel.[10]"

Das Selbst ist die Basis des Individuationsvorgangs, während dessen die einzelnen Aspekte der psychischen Ganzheit, die von Beginn des Lebens an vorhanden sind, nach und nach ins Feld des Bewusstseins treten.

„Die Selbstbesinnung oder – was dasselbe ist – der Drang zur Individuation, sammelt das Zerstreute und Vielfältige und erhöht es zur ursprünglichen Gestalt des Einen, des *Urmenschen*. Dadurch wird die Sonderexistenz, das heißt die jeweilige Ichhaftigkeit aufgehoben, der Kreis des Bewusstseins erweitert und durch die Bewusstmachung der Paradoxien werden die Konfliktquellen zum Versiegen gebracht. Diese Annäherung an das Selbst ist eine Art Repristinierung oder Apacatastasis (Wiederherstellung des ursprünglichen, primitiven Zustands), als das Selbst den Charakter der Inkorruptibilität, der „Ewigkeit" hat, vermöge seiner dem Bewusstsein vorausgehenden unbewussten Präexistenz.[11]"

Die Begleitung in Gestützter Tiefenkommunikation ist, meiner Meinung nach, eine wertvolle Hilfe auf dem

---

[10] C.G. Jung, „*L'homme à la découverte de son âme*", Albin Michel

[11] C.G. Jung, „*Das Wandlungssymbol in der Messe*", Gesammelte Werke 11/3, Walter Verlag

Weg zur Selbstverwirklichung, die von C.G. Jung auch Individuationsvorgang genannt wird:

„Individuationsweg bedeutet: zum Einzelwesen werden, und, insofern wir unter Individualität die Form unserer innersten, letzten und unvergleichbaren Einzigartigkeit verstehen, *zum eigenen Selbst werden*. Man könnte „Individuation" darum auch als „Verselbstung" oder als „Selbstverwirklichung" übersetzen.[12]"

Der Hinweis auf die jungsche Psychologie erlaubt es mir, mit Worten das zu beschreiben, was sich im Verlauf mancher Sitzungen in Gestützter Tiefenkommunikation abspielt. Ich gebe keineswegs vor, mir sämtliche Ansichten C.G. Jungs perfekt einverleibt zu haben. Ich werde auch von anderen Sichtweisen beeinflusst und suche nicht, eine neue Sichtweise einzuführen, die manchen Spezialisten wie ein Gemisch aus Konzepten verschiedener Quellen erscheinen könnte.

Was mich betrifft, so finde ich eine große Übereinstimmung zwischen den Schriften von Jung, Satprem und der *„Antwort der Engel"*. Ich kann sie nicht voneinander trennen, so sehr erklären sie, meiner Meinung nach, jeder auf seine Weise, die unterschiedlichen Facetten des Evolutionsvorgangs des Menschen.

Mein Ziel ist es, mit dem Leser das Geschehen einer Sitzung in Gestützter Tiefenkommunikation zu teilen. Meine Betrachtung fundiert auf meinem inneren Weg, den absolvierten Lehrgängen und meinen Lektüren.

---

[12] C.G. Jung, *„Die Beziehungen zwischen dem Ich und dem Unbewussten"*, Deutscher Taschenbuch Verlag

39

Sie schärfen meine Fähigkeit, das Beobachtete in Worte zu kleiden.

Meine Art, die stützende Begleitung auszuführen, unterscheidet sich je nach der Person, mit der ich arbeite und dem Problem, an dem sie leidet.

Soweit die gestützte Person wörtlich kommunizieren kann und keine gestörte Persönlichkeit aufweist, versuche ich nach Möglichkeit, ihre bewusste Aufmerksamkeit abzuspalten, damit das Mental nicht einwirkt. Ich bitte sie, sich nach innen zu kehren und nicht auf die Tastatur zu schauen. Ich lese den Text während sie ihn tippt, um sie mit dem Geschriebenen zu verbinden. Ich plane auch Pausen ein, die es ihr ermöglichen, sich über das Getippte zu äußern und den Inhalt des Textes allmählich zu integrieren. Ich benütze auch Tabellen, wie die nachfolgende Lebenslinie. So führt mich die Hand der Person zum Beispiel auf den Schlüsselmoment, der ihre Problematik ausgelöst hat.

Wenn ich mit einer „nicht kommunizierenden" Person arbeite, achte ich darauf, dass sie möglichst die Tastatur oder den Bildschirm anschaut. Ich bemühe mich, sie aktiv an der Sitzung teilnehmen zu lassen, um das Bewusstsein so gut wie möglich mit dem Vorgang zu verbinden.

Ziel ist es, jedem einzelnen zu helfen, Frieden in sich und Einheit in der Akzeptanz seiner Verkörperung zu finden. Der Zugang zu einer spirituellen Dimension, der durch die Gestützte Tiefenkommunikation erleichtert wird, könnte in manchen Fällen ein Fluchtverlangen nähren, das der ersuchten Einigung entgegenlaufen könnte mit dem Risiko, eine eventuelle Dissoziierung zu verstärken. Daher ist es wichtig, dass der stützende Begleiter das verfolgte Ziel genau kennt, seinerseits eine Verankerungsarbeit vornimmt, um die gestützte Person „festzubinden" und in manchen Fällen darauf achtet, während der gesamten Sitzung ihre bewusste Aufmerksamkeit wach zu halten.

Die Erfahrung hat mich gelehrt, wie sehr die „nicht kommunizierenden" Menschen mit ihrem Wahrheitszentrum in Kontakt stehen. Auf der anderen Seite ist es wahrscheinlich, dass die Unmöglichkeit, das innerlich Erlebte in Worte zu kleiden, den Bewusstmachungsvorgang dieses Erlebten hemmt. Indem ich die sprachbehinderten Menschen anrege, aktiv an der Sitzung teilzunehmen, halte ich ihre bewusste Aufmerksamkeit so gut wie möglich wach.

Ein wichtiger Teil der gestützten Begleitung ist die Entgegennahme der Leiden, die nicht ausgesprochen werden konnten und das Ausleben der Emotionen, was nicht durch Worte geschehen konnte.

Ich sehe mich nicht als Therapeutin. Ich begleite einen Vorgang, der meinen Kommunikationspartner mit seinen eigenen Ressourcen in Kontakt bringt und stelle fest, dass die Wirkung therapeutischen Charakter hat.

Für Menschen, die nicht über bewusste Worte verfügen, öffne ich einen Ausdrucksraum.

Ich stelle der gestützten Person meine Sinnes- und Denkorgane zur Verfügung.

Diese Erklärung von Jean-Marie Pelt entspricht genau dem Vorgang der Gestützten Tiefenkommunikation:

„Alles erfolgt, als ob die Neuronen kein Bewusstsein erzeugten, so wie die Leber Galle erzeugt gemäß den Aussagen von La Mettrie oder den Thesen von Jean-Pierre Changeux. Für Sir John Eccles, Nobelpreis in Medizin, dagegen wäre das Gehirn eher der Empfänger des Bewusstseins und nicht sein Sender.[13]" Ich stelle also mein Gehirn meinem Kommunikationspartner zur Verfügung.

Die Tiefenkommunikation mindert die Behinderung nicht. Sie ist lediglich eine Hilfe für ein besseres Befinden der Nutznießer.

Eine der Besonderheiten des unter Gestützter Tiefenkommunikation geschriebenen Textes rührt von der Fähigkeit der so erzeugten Worte her, mit großer Genauigkeit das Erlebte der betroffenen Person zu beschreiben.

Erich Fromm[14] sagt angesichts der richtigen Worte: „Der Wortempfänger ist wie eine Note auf einer Partitur, die den Ton symbolisiert, aber nicht der Ton ist." Das trifft genau auf das zu, was durch Stützen der Hand geschrieben wird. Es handelt sich um ein lebendiges Wort, das die Tonart des Erlebten angibt, ohne es zu beschädigen.
Eine meiner „Gestützten" rief aus, als sie ihren Text zur Kenntnis nahm: „Das ist genau das, was ich fühle. Bei vollem Bewusstsein hätte ich nie so genaue Wörter gefunden."

Die stützende Begleitung schwankt stark je nach den Umständen. Ein wichtiger Gesichtspunkt des Vorgangs erfordert, in sich anwesend, vollkommen integer,

---

[13] Jean Marie PELT, « L'Avenir droit dans les yeux », Fayard Verlag, 2003

[14] Erich FROMM, „Die Kunst zu Sein"

absolut urteilslos und bereit zu sein, die Öffnung zu diesem unaussprechlichen Raum des Friedens und der Liebe, der sich manchmal während der Sitzungen offenbart, anzunehmen.

Die verschiedenen Aspekte der gestützten Begleitung werden in diesem Buch in Verbindung mit dem über den stützenden Begleiter getippten Text beschrieben. Folgende Punkte werden in den nachfolgenden Kapiteln behandelt:

- **Die Stimme des Wesens**: Das ist der Kontakt mit dem „Zentrum". Dieses Zentrum befindet sich in einer Tiefe, die über das Ich hinausgeht. Es ermöglicht die Einswerdung des Menschen und die Integration der Einschränkungen. Unpassende Emotionen behindern manchmal den Zugang zu den Tiefen.

- **Der richtige Ausdruck der Emotionen**: Dieser Kontakt begünstigt das Auftreten parasitärer Emotionen und die Wiederherstellung einer geeigneten Ausdrucksweise der Emotionen. Manche Emotionen sind eng mit der Vergangenheit der Vorfahren verbunden.

- **Die Geschichte unserer Abstammung**: Die Tiefenkommunikation bringt uns auch die Geschichte unserer Familie nahe, die in unserem Unbewussten ruht. Was unsere Vorfahren erlebt haben, wirkt sich oft verstohlen auf unser eigenes Handeln aus. Die Annahme unserer Familienvergangenheit und die Bewusstmachung ihrer untergrabenden Aktion machen uns frei, unseren Werdegang zu wählen, ohne gegen unser Wissen von der Vergangenheit beeinflusst zu werden.

43

- **Die Auswirkung der Geschichte auf die Familienvergangenheit**: Die Schocks der Geschichte, die unsere Vorfahren getroffen haben, wirken sich auf das Verhalten der Nachkommen aus. Die Anerkennung dessen, was ist, befreit uns und gibt dem Erlebten Sinn.

- **Der Zugang zum Sinn**: Der Kontakt mit dem Zentrum des Wesens ermöglicht es, das Erlebte eines jeden auszuleuchten und trägt dazu bei, dem Leben wieder Sinn zu geben. Über das Alltägliche hinaus, taucht der Sinn auf einer tiefen und existenziellen Ebene in den von sprachbehinderten Menschen getippten Texten auf.

- **Die Stimme aus den Tiefen**: Die sprachbehinderten Menschen, deren Ausdrucksweise durch das Handicap beeinträchtigt ist, scheinen eine direkte Verbindung mit der Tiefe ihres Wesens zu haben. Ihre Texte erschüttern unsere Sicht des Handicaps.

  So hat mich Juliette, ein erstaunliches Kind, dazu gebracht, meine Ansicht über das Leben zu ändern.

- **Die Begleitung von Kindern**: Der getippte Text offenbart das Innenleben des Kindes, das sich manchmal stark von der Vorstellung seiner erwachsenen Begleiter unterscheidet. Es scheint, dass das Kind mehr oder weniger verletzlich ist, je nachdem, wie es seinen Körper erlebt.

- **Im Körper verankern sich auch die durch die Gestützte Tiefenkommunikation**

begünstigten Veränderungen: Mehrere Auslegungstabellen zeigen, was sich im Körper abspielt. Unter anderem weisen die Untersuchung im Zellengedächtnis und die Fasciatherapie interessante Gesichtspunkte der durch die Gestützte Tiefenkommunikation begünstigten Veränderungen auf.

- **Die Selbst-Präsenz** im Körper ist ebenfalls eine Vorstufe zum inneren Frieden.

- **Die Augenblicks-Präsenz:** Ziel der Begleitung in Gestützter Tiefenkommunikation ist es, einen Zustand der Präsenz zu erreichen, der frei von jeglicher an die Gegenwart oder Zukunft gebundenen Störung ist.

Die Stimme des Wesens wird uns allmählich auf den Weg zu dieser Präsenz führen.

Die Hand, Bote des Herzens

KAPITEL IV

ZUGANG ZUR STIMME DES WESENS

Die Ausübung der Gestützten Tiefenkommunikation zeigte mir schon bald, wie sehr sich das Wesen über die Worte hinaus enthüllt.

Von Kindheit an war ich von der Kraft des Wortes, das eine viel weitere Realität deckt als es scheint, fasziniert. Über die Gestützte Tiefenkommunikation und über die durchstandenen Leiden hinaus, spricht das Wort vom Wesen, dem Wesen in seiner Angehörigkeit an einen Familienstamm, an einen Kontext und, viel tiefgreifender noch, in seiner Angehörigkeit an das Universum, den Kosmos, das Ganze.

Ich empfange Kinder, deren Leid sich durch verschiedene Störungen ausdrückt: Unruhe, Albträume, Bettnässen... und Erwachsene, die eine höhere Lebensqualität zu erreichen wünschen. Ich begleite auch einige sprachbehinderte Erwachsene und Kinder, denen das Stützen der Hand einen Ausdrucksraum eröffnet.

Letztere brachten schon bald meine Sicht des Handicaps ins Wanken: Wenn ich die von den sogenannten „behinderten" Menschen getippten Texte lese, stehe ich einer so eindringlichen Denkweise gegenüber, dass ich mich ganz klein fühle und mich nach meinen eigenen Grenzen frage.

47

Übrigens hat es mir eine junge behinderte Erwachsene, die ich behandle, zu verstehen gegeben: *„Du bist noch Raupe, in deinen Spuren eingeschlossen, in den Ringen deiner Materie eingeschlossen. Ich sehe anders. Ich schaue von oben herab, wie der Schmetterling, der seine Puppe verlassen hat und davonfliegt, ganz da oben im Himmel. Der Schmetterling fliegt fort und lässt seine Puppe unten, auf einem Grashalm ruhend."*

Muriel ist eine junge autistische Frau, die ohne meine Stütze die Kraft ihrer Gedanken nicht ausdrücken könnte. Seit fast drei Jahren kommt sie jeden Monat zu mir und jede Sitzung ist eine Tür zu ungeahnten Tiefen. Sie beschreibt ihr Innenleben und erklärt den Vorgang, der es ihr ermöglicht, sich unter Gestützter Tiefenkommunikation mitzuteilen: *„Du begrenzt meine Angst indem du mir deine Hand leihst, um die Gedanken aus meinem Kopf herauszuholen, die dort eingeschlossen sind. Keine Lust, dem Leben zu entfliehen, wenn wir Hand in Hand Lebenswörter schreiben."*

Im Verlauf der Sitzungen habe ich den Eindruck, nur eine Datenbank zu sein, aus der die von mir begleiteten Menschen schöpfen, was sie brauchen, um ihr tiefes Erleben auszudrücken. Die Tastatur meines Computers ist lange Zeit *„das Band der Wörter"* gewesen. Nach und nach wurde sie zum *„Band des Lebens"* und mein Gehirn ist der *„Brunnen der Wörter"*.

Doch das Gehirn des stützenden Begleiters mit der Datenbank eines Computers zu vergleichen, die dem Gestützten zur Verfügung gestellt wird, reduziert den Vorgang zu einer kalten Logik. Der poetische Inhalt der getippten Texte zeigt eine ganz andere Dimension und lässt eher eine Öffnung des Herzens über die Hand vermuten.

Wenn ein Kind zu einer Sitzung kommt, erkläre ich ihm, dass seine Hand Dinge sagen wird, die sein Herz kennt, aber nicht sein Kopf. Diese von den Kindern sehr gut aufgenommene Erklärung ist mir spontan eingefallen, noch bevor sich mein Kopf einmischte... Sehr viel später habe ich durch die orientalische Beschreibung des Menschen gelernt, dass die Mitte der Hand eine Art Anhang des Energiezentrums des Herzens ist. So sind Begleiter und Begleiteter, „Herz an Herz" verbunden, Mitschöpfer eines Textes, dessen Inhalt das tiefe Erleben des Begleiteten ausdrückt.

Die Poesie der Texte und der ungeheure Reichtum des Inhalts berühren uns zutiefst, wie eine Resonanz von Herz zu Herz. Muriel schreibt: „ *Ich lasse Blumen auf den Beeten meines Herzens wachsen und es ist eine Freude, sie mit Wörtern zu gießen.*" Oder auch: „*Die vorbeiziehenden Wörter graben in meinem Herzen ein Bett, um die Manuskripte meiner Seele aufzunehmen.*"

Die Gestützte Tiefenkommunikation gibt Zugang zu den Tiefen des Wesens und ermöglicht den Ausdruck des einzigartigen und transzendenten Aspekts, der in jedem von uns vorhanden ist. Was man hier lesen kann, bringt uns in Kontakt mit unserer Essenz und erlaubt uns mit dem, was unsere Besonderheit ausmacht, wieder in Kontakt zu treten.

Doch bevor sich das Wesen völlig enthüllen kann, müssen wir zur Wandlung die vielen Häute, die es verhüllen, entfernen oder eher noch integrieren. Dieser Weg führt durch die bewusste Untersuchung unserer

Bindungen und Konditionierungen. Dazu gehört auch, dass wir unsere Wunden als Kind und Erwachsener annehmen und unsere unbewussten Loyalitäten gegenüber der Familienschemata in Betracht ziehen.

Es geht darum, in unsere eigene Negativität einzutauchen, um sie zu verantworten. Auf diese Weise wagen wir es, die Tricks zu lassen, um an die Essenz zu rühren und unsere eigene Einzigartigkeit über die Masken und Sitten hinaus auszudrücken.

Die mittels der Stützung der Hand auftauchenden Texte tragen dazu bei, die verdrängten Aspekte der Persönlichkeit ans Licht zu bringen. Diese Art der Begleitung kann daher in großem Masse zum Individuationsvorgang und der Selbsterfüllungsarbeit beitragen, das heißt sie kann uns helfen, das einzigartige Wesen zu werden, das wir im Kern sind. Um ein Bild zu verwenden, das C.G. Jung gerne benutzte, kann man sagen, dass der Prozess eine Verdünnung des persönlichen Unbewussten begünstigt, das wie eine „Lehmschicht" auf dem kollektiven Unbewussten ruht.

Ziel des Individuationsvorgangs ist einerseits die Differenzierung des Individuums von der Kollektivpsyche und andererseits seine Entwicklung zur „individuierten" Person. Es geht darum, der Mensch zu werden, der wir wirklich sind. Die sehr aktuellen Begriffe wie „Selbstverwirklichung" und „persönliche Entwicklung" haben den Nachteil, dass sie einen Zweifel daran lassen, was man entwickeln möchte. Das Wort „persönlich" könnte die „Persona" benennen, die nach Jung das bezeichnet, was jeder für sich selbst und seine Umgebung darstellt, aber nicht, was er ist. Etymologisch beschreibt die Persona die Maske, die von den Schauspielern der antiken Tragödie getragen wird. Sie diente als Sprachrohr (*personare*) und ließ die vom Schauspieler gespielte Rolle erkennen.

Die *persona*, die Maske weiter zu entwickeln könnte den *Individualismus* begünstigen, der häufig mit einer Inflation des Ich verbunden ist, und zur Verteidigung der persönlichen Interessen zu ungunsten der kollektiven Interessen führen. Es geht jedoch nicht darum, die *persona* aufzulösen, sondern darum, sich nicht mehr mit dem Ich und der ihm auferlegten sozialen Rolle zu identifizieren. „Die Selbstverwirklichung scheint aber im Gegensatz zur Selbstentäußerung zu stehen. Dieses Missverständnis ist ganz allgemein, indem man ungenügend zwischen Individualismus und Individuation unterscheidet.[15]"

Der Individuationsprozess geht mit einer immer größeren Reife einher und regt zur Berücksichtigung des Kollektivinteresses an. „Individuation aber bedeutet geradezu eine bessere und völligere Erfüllung der kollektiven Bestimmungen des Menschen, indem eine genügende Berücksichtigung der Eigenart des Individuums eine bessere soziale Leistung erhoffen lässt, als wenn die Eigenart vernachlässigt oder gar unterdrückt wird.[16]"

Ziel der Gestützten Tiefenkommunikation ist es daher, die Individuation zu begünstigen. Die Tastatur ermöglicht das Zusammenwirken der bewussten und unbewussten Teile der Persönlichkeit und der

[15] C.G. Jung, „*Die Beziehungen zwischen dem Ich und dem Unbewussten*", Walter Verlag

[16] C.G. Jung, „*Die Beziehungen zwischen dem Ich und dem Unbewussten*", Walter Verlag

Begleitvorgang „erleichtert" die von der Psyche eingeschlagene Richtung, um sich selbst zu verwirklichen und das zu werden, was sie im Keim schon immer war. Der getippte Text ermöglicht die Integration verschiedener Aspekte der Person unter einem einzigen Gesichtspunkt. Die Arbeit des Begleiters besteht darin, die Akzeptanz dieser unterschiedlichen Aspekte zu begünstigen. Auf diese Weise trägt die Annahme dessen, was ist, zur Integration der verdrängten Aspekte der Persönlichkeit bei.

In Gestützter Tiefenkommunikation erfolgt die Umwandlung des Aufgedeckten im Verlauf derselben Sitzung. Die vom Bewusstsein nicht angenommenen Persönlichkeitsaspekte tauchen nach und nach auf und wandeln sich mit dem Erscheinen der Worte.

Ein Erwachsener berichtet von seiner Kindheit in Gestützter Tiefenkommunikation: *„Gefühl der Verlassenheit, verborgene Traurigkeit, Verschulden der Mutter, Überschreiten der Grenzen, Mutter verraten, ich fühle mich abgelehnt, Erniedrigung betrifft Mutter, Mantel der Traurigkeit bedeckt ihre Schultern."* Dann, im Verlauf derselben Sitzung, drückt er den ersten Ansatz der stattfindenden Wandlung aus: *„Ich hebe die Bleidecke, die mich vernichtet hat, ich entreiße meiner Mitte das schwere Gewicht der Traurigkeit. Das Kind in mir heilt, Weg der Befriedung mit mir selbst setzt Schöpfungskraft frei. Innere Sonne lässt Rose des Herzens erblühen."*

Meiner Erfahrung nach tauchen die in den Texten aufgedeckten Leiden erst in dem Moment auf, wo die Person bereit ist, sie zu empfangen. Der Text wirft wie ein Spiegel dem „Gestützten" das Bild schmerzhafter

Erlebnisse vor, aber er erlaubt ihm auch, mit seiner inneren Kraft in Kontakt zu treten und einen Sockel zu bauen, auf dem die Vereinung des Selbst stattfinden kann. Dies enthebt den Betroffenen nicht einer inneren persönlichen Arbeit dank derer das Bewusstsein nach und nach sein Gesichtsfeld erweitern kann durch die Annahme dessen, was allmählich auftaucht.

Das Auftauchen der Schichten verdrängter Erfahrungen ist ein Prozess, der mit einer gewissen Angst verbunden ablaufen kann. Diese offenbart sich manchmal einige Tage nach der Sitzung. Ich informiere die Leute, die zu mir kommen, über diese Möglichkeit. Die Tiefenkommunikation ist eine wertvolle Hilfe zur Verarbeitung verdrängter Leiden, auch wenn sie als Methode keine Wunder wirkt, die über irgendeinen Zaubertrick die Person befreien und erwecken.

Damit die Wandlung wirksam wird, ist es erforderlich, dass die Person ihr Schicksal in die Hand nimmt, die mit dem Prozess verbundene Unbequemlichkeit akzeptiert und, wenn sie sich innerlich dazu bereit fühlt, in ihrem Leben die Schritte unternimmt, die die Veränderung verkörpern. Je nach Fall kann es sich um ein Ritual, eine symbolische an eine nicht ausgeführte Trauerarbeit gebundene Handlung oder ein Vorgehen handeln, das die Wandlung konkretisiert, wie zum Beispiel ein Anruf an einen Bruder, den man nach einem Konflikt aus den Augen verloren hat oder der Ausdruck seiner Schöpfungskraft durch Malen oder Schreiben.

In einer selben Sitzung drücken sich verschüttete Schmerzen, aber auch dem Unbewussten verborgene Ressourcen aus. Der in Gestützter

Tiefenkommunikation getippte Text spielt gewissermaßen die Rolle eines Zentrums, das die gegensätzlichen Pole vereint. Es geht darum, die Gegenteile in sich selbst zu harmonisieren, das Unbewusste ins Bewusste zu integrieren, um nach und nach das Bewusstsein zu erweitern und das Selbst zu einer vielseitigeren Persönlichkeit zu machen.

...

Daniel hat große Schwierigkeiten sich zu behaupten. Er ist diskret, der Posten, den er innehat entspricht nicht seinen Kompetenzen und außerdem fühlt er sich oft müde, als wäre er aller Energie beraubt.

Gleich in der ersten Sitzung erwähnt er in seinem Text sein Leben im Mutterleib: *"Kälteempfindlichkeit im Sack des Bauches* (hierzu erklärt er mir, dass seine Mutter während der Schwangerschaft ein Korsett trug), *Aufnahme aller meiner blockierten Energie. Panische Angst, weiches Nest der Schwimme zu verlassen*[17]. *Ich empfinde das Leben wie einen durchzustehenden Sturm.* Und etwas weiter: *Freude den Wind des Friedens über wilder Schwimme wehen zu lassen. In mir geht Same des Vertrauens ins Leben und in mich auf."*
Im Verlauf der Sitzung, nachdem er von dem Geschriebenen Kenntnis genommen hatte, erwähnt Daniel den Brand, der seine Mutter, die allein zu Hause war, zwang, überstürzt das Familienhaus zu verlassen. Im Laufe einer weiteren Sitzung bestätigt er mir, dass der Brand tatsächlich während der Schwangerschaft seiner Mutter stattfand. Nach dieser Sitzung fühlt sich Daniel von einer Last befreit.

---

[17] Schwimme bezieht sich in diesem Text auf die Zeit im Mutterleib: das Baby "schwimmt" im Fruchtwasser.

Die Hand, Bote des Herzens

Manchmal bezieht sich das Wort Schatten[18] auf ein symbolisches Bild, das sich im Fluss er Wörter anbietet und wie ein starker Heilvektor Im Verlauf der Sitzung, nachdem er von dem Geschriebenen Kenntnis genommen hatte, erwähnt Daniel den Brand, der seine Mutter, die allein zu Hause war, zwang, überstürzt das Familienhaus zu verlassen. Im Laufe einer weiteren Sitzung bestätigt er mir, dass der Brand tatsächlich während der Schwangerschaft seiner Mutter stattfand. Nach dieser Sitzung fühlt sich Daniel von einer Last befreit. Manchmal bezieht sich das Wort Schatten[19] auf ein symbolisches Bild, das sich im Fluss er Wörter anbietet und wie ein starker Heilvektor wirkt.

...

Jocelyn leidet darunter, immer von einer dominanten Mutter erstickt zu werden, die die Angewohnheit hat, alles für sie zu entscheiden. Hier ein Auszug dessen, was sie unter Gestützter Tiefenkommunikation schrieb: *„Mich betreffende Entscheidungen, getroffen ohne mich vorher zu fragen, lassen mich wehrlos, unfähig zu reagieren, wie einen wertlosen Gegenstand. Wagen, den schrecklichen Vulkan auszusprechen. Kriminell werde ich in meinem Kopf. Riesige Wut, zerstörerische Überschwemmung des Nils. Schmerz, so festgenagelt zu werden, ohne Möglichkeit aus der Sackgasse heraus zu kommen. Grausames Dilemma, Lust, die Räuberin meiner Macht zu töten. Königin Mutter gibt mir vergifteten Apfel, um meine Aufmerksamkeit*

---

[18] „Der Schatten ist diese verborgene, verdrängte, meistens minderwertige und mit Schuldgefühlen belastete Persönlichkeit, deren extremste Verzweigungen bis zu unseren tierischen Vorfahren reichen; er beinhaltet so den gesamten historischen Aspekt des Unbewussten." – C.G.Jung

[19] „Der Schatten ist diese verborgene, verdrängte, meistens minderwertige und mit Schuldgefühlen belastete Persönlichkeit, deren extremste Verzweigungen bis zu unseren tierischen Vorfahren reichen; er beinhaltet so den gesamten historischen Aspekt des Unbewussten." – C.G.Jung

einzuschläfern. Sanftheit, den Ausgang zu finden, um das Reich des Hades zu verlassen und den Fluss Liebe hinauf zu schwimmen. Freude groß, Mutter eingeschlossen in der Festung von Babayaga. Auf meinen beiden Ohren schlafen. Babayaga löst ab. Mutter verlässt den versunkenen Kontinent und ich mache mir das Bild einer sanften und die Gegensätze befriedenden Mutter zu Eigen."

In der Folge dieser Sitzung, stellte sich eine andere Beziehung zwischen Jocelyne und ihrer Mutter ein, und eine fließendere Kommunikation zwischen beiden wurde allmählich möglich.

...

Ich interpretiere nie die durch Stützen mit meiner Hand getippten Texte. Ich helfe beim Entschlüsseln bestimmter Ausdrücke. Ich weiß zum Beispiel, dass *Lebensband* die Tastatur bezeichnet und sich die Erwähnung des *winzigen Babys* fast immer auf die Zeit im Mutterleib bezieht. Doch vermeide ich es, den auftauchenden symbolischen Bildern Sinn zu geben. Sie wirken von sich aus und tragen zur inneren Veränderung bei. Eine Interpretation würde meiner Meinung nach einen vorzeitigen Eingriff des Intellekts bewirken und die unterschwellige Wirkung der Begleitarbeit einschränken. In dem erwähnten Beispiel habe ich lediglich erklärt, was es mit der Persönlichkeit Babayagas auf sich hat.

Häufig ist der „Gestützte" selbst in der Lage den geschriebenen Wörtern Sinn zu geben. Er allein kennt den subjektiven Zusammenhang, der dem auftauchenden Wort anhängt.

Julien, zum Beispiel, dessen Vater starb als er erst zwei Jahre alt war, fühlt sich oft allein auf der Welt und von allen verlassen. Seine Mutter musste bald nach dem Tod ihres Mannes wieder eine Berufstätigkeit aufnehmen und gab ihren Sohn in Pflege auf dem Land. An seine Kindheit hat Julien wenige Erinnerungen. Es scheint ihm, dass er nicht die Liebe bekommen hat, die er brauchte. Zu Beginn der dritten Sitzung schreibt er folgende Worte: *„Mich im Schatten des Kirschbaums ausruhen, Liebe kommt vom Mann des Kirschbaums."*

Da erinnert er sich an Ferien, die er bei seinem Onkel verbrachte, der mehrere Kirschhaine besaß, deren Erträge ein Unternehmen kandierter Früchte versorgte. Als er diese Erinnerung erwähnt, tritt er mit der Liebe, mit welcher ihn dieser Mann umgeben hat, in Kontakt. Für ihn ist der Kirschbaum Symbol der Liebe.

Um das Wesen zu werden, das wir in Wirklichkeit sind, müssen wir nach und nach alle Aspekte unserer Persönlichkeit, die bisher von unserem Einheitszentrum oder Wahrheitszentrum dissoziiert waren, integrieren.

Diese dissoziierten Teile veranlassen uns, Dinge zu tun, die ein anderer Aspekt von uns missbilligt. Wir fühlen uns zerteilt und wissen nicht, wie wir den inneren Frieden, den wir uns so sehnlich wünschen, erreichen können. Wir müssen nach und nach diese verschiedenen Aspekte anerkennen, ohne sie zu verurteilen und akzeptieren, dass sie in uns existieren können, ohne sich zu bekriegen. Die Vereinigung der Gegensätze ist ein grundlegender Aspekt des Vorgangs, der sich in der Psyche abspielt. Das tägliche Leben ist davon stark beeinflusst und das zu Gunsten eines immer greifbareren inneren Friedens. Man stellt fest, dass die Gegensätze nicht getrennt sind. Licht und Schatten sind untrennbar. In der Freude bleibt uns das Leid bewusst und im Erfolg denken wir an einen möglichen Misserfolg, ohne zu urteilen, welcher besser als der andere ist. Sie sind einfach.

Dank der Vermittlung des „Stützens", ermöglicht die Gestützte Tiefenkommunikation, mit dem „schweigenden Zeugen", der empfängt ohne zu urteilen, in Kontakt zu treten. Im Laufe einer Sitzung werden die beiden Protagonisten von ihren zeitlichen Beschränkungen befreit und die eintretende Wandlung erfolgt innerhalb dieses unfassbaren Schweigens, das der Atmung Takt gibt. Es handelt sich um dieses tiefe Schweigen, das zwischen jedem Gedanken, jedem Einatmen und jedem Ausatmen existiert, jenseits von Zeit und Raum.

Es ist unbedingt erforderlich, dass der Begleiter seinerseits an einer Selbstvereinigung arbeitet und zumindest während der Dauer einer Sitzung den Kontakt mit seinem eigenen Zentrum nicht verliert. Es geht gewissermaßen darum, auf die Frequenz des Wesens eingestellt zu sein. Dann nämlich ist die Person, deren Hand ich stütze automatisch mit ihrer eigenen Frequenz, auf dem Niveau des Wesens, in Verbindung. So als würde ich erlauben, dass die Persönlichkeit auf die Note des Wesens eingestimmt wird und in Harmonie mit der Seelenmelodie vibriert.

Um diesen transzendenten Aspekt im Menschen zu lokalisieren, würde ich sagen, dass das Wesen auf derselben Oktave liegt wie das, was Sri Aurobindo die „göttliche Seele" im Gegensatz zur „Wunschseele" nennt:

„Ebenso haben wir in uns eine doppelte psychische Wesenheit, die Begehren-Seele im Vordergrund, die sich in unseren vitalen Sehnsüchten, unseren Gefühlen, in der ästhetischen Begabung und im mentalen Suchen nach Macht, Wissen und Glück auswirkt, und eine subliminale psychische Wesenheit, eine reine Macht von Licht, Liebe, Freude und verfeinerter Essenz des Wesens, die unsere wahre Seele hinter der äußeren Form psychischen Dasein ist, die wir oft mit diesem Namen ehren.[20]"

Sri Aurobindo erklärt zu dieser „wahren geheimen Seele in uns":

„Sie ist eine aus dem göttlichen Wesen geborene Flamme, die als lichtvoller Bewohner der Unwissenheit in dieser so lange wächst, bis er sie in Wissen verwandeln kann. Sie ist der verborgene Zeuge, die Aufsicht, der geheime Lenker, der Dämon des Socrates, das innere Licht oder die innere Stimme des Mystiker.[21]"

Diese Begriffe sind uns größtenteils unverständlich und können nicht definiert, festgelegt und mit Worten eingegrenzt werden. „Die Unmöglichkeit, die letzte Instanz der Seele zu definieren entspricht einer Unmöglichkeit, sie in ihrer Integralität zu aktualisieren: immer entgeht etwas von der Psyche; ein „über sich selbst hinaus" bleibt, trotz der erhaltenen Vervollkommnung. Das Selbst ist nichts anderes als dieses „über sich selbst hinaus", diese Unzufriedenheit

---

[20] Sri Aurobindo, „Das göttliche Leben", Verlag Hinder & Deelmann, 2002
[21] Ibid

des Wesens, niemals völlig realisiert zu sein und doch ständig von der Vollkommenheit angezogen.[22]"

Ich sehe mich also lediglich als Vermittler, der es möglich macht, die wichtigste Note des Wesens in Phase zu bringen, eingestimmt auf die Persönlichkeit, wobei des Ziel die angestrebte Selbstverwirklichung ist.

Die Menschen, die ich begleite, berichten manchmal von einer spirituellen Erfahrung, was Jung eine numinöse[23] Erfahrung nennt, die sie im Verlauf einer Sitzung in Gestützter Tiefenkommunikation erleben.

Die Tatsache, eine tiefe Realität zu erreichen, die ihn mit der Macht des Lebens in ihrer wesentlichen Form verbindet, ist an sich Quelle einer großen Veränderung für denjenigen, der diese Erfahrung macht.

Über die durchstandenen Leiden hinaus, erlaubt der Kontakt mit der Wahrheit, den Schatten zu integrieren und zu verwandeln.

...

Chantal mangelt es ungeheuer an Selbstvertrauen. Im Beruf hat sie eine untergeordnete Stellung, die ihren Fähigkeiten nicht entspricht. Ihre Mutter, die ihren eigenen Vater im Alter von zehn Jahren verloren hat, hat ihr ihre eigene Unsicherheit dem Leben gegenüber

---

[22] Ysé Tardan-Masquelier, « Jung et la question du sacré, Ed Albin Michel, 2000
[23] Das Beiwort „numinös" kommt von „numen": das Göttliche, die göttliche Souveränität. Die numinöse Erfahrung ist eine affektive Erfahrung des Heiligen. Jung entlieh das Wort numinös dem Theologen Rudolf Otto. "Für Otto ist das Numinöse zugleich Energie und Gefühl. Es verzeichnet den Impakt in der Seele der Beziehung zur Transzendenz, welche eine große Anzahl von bewussten oder unbewussten Emotionen auslöst, die eine Änderung hervorbringen. " Jung et la question du sacré, éd. Albin Michel, 2000

übertragen. Chantal schreibt: *„Ich humple dahin und ein kleines Mädchen weint in mir. Das ist alte Geschichte von derjenigen, die sich ungeeignet fühlt. Verlorenheit, die nicht abklingt. Mutter zu idealisieren war Überlebensweg. Zu den lebendigen Quellen des Lebens zurückkehren und mich an einem anderen Brunnen volltrinken, der mich mit von jeglicher ungeeigneten Übertragung reinem Wasser stärkt. Ich kann Maginotlinie zwischen Mutter und mich ziehen. Kein Kampf, aber eine Anerkennung ihres Rechts auf Irrtum, der meine doppelte Abstammung bestätigt und mir erlaubt, meine eigene menschliche Unvollkommenheit anzunehmen.“*

Chantal kam mehr als ein Jahr lang jeden Monat zum Schreiben und erwähnte mehrmals eine innere Erfahrung spirituellen Charakters, die sie während der Sitzung erlebte. Es ist wahrscheinlich, dass solche Erfahrungen ein Loslösen der Persönlichkeit von der Macht ihrer Affekte begünstigt.

Chantal fand nach und nach eine ausreichende innere Sicherheit, um sich in den Vordergrund zu wagen und hat heute einen verantwortungsvollen Posten, der ihren Kompetenzen entspricht.

Diese Veränderung konnte stattfinden, weil sie selbst allmählich ihr Verhalten änderte. Sich gegenüber der Hierarchie zu behaupten verlangt große Mühe. Die Sitzungen haben sie in ihrem Bemühen unterstützt, jedoch weder von einer persönlichen inneren Arbeit noch von einer Regelung der durch ihr neues Verhalten hervorgerufenen Konfliktsituation entbunden.

...

Christian fühlt sich nicht wohl in seinem Körper, außerdem hat er große Schwierigkeiten die ihm auferlegten Einschränkungen zu akzeptieren. Er schreibt: *„Verweigerung des Rahmens hält mich in der Illusion der Zwiespältigkeit, der Trennung. Erst die Akzeptanz des Rahmens mit Liebe ermöglicht mir, ihn wieder in das Ganze zu integrieren. Ich durchquere die Barrieren indem ich sie einbeziehe, indem ich sie mir zu Eigen machen, wenn man es so ausdrücken kann.*

Geburt, Verweigerung des Körpers. Von Anfang an erschien er mir als unerträgliche Einschränkung. Ich komme aus dem Unendlichen und finde mich in einem Körper eingeklemmt, es fehlt mir an Platz. (...). Dem Baby in mir helfen. Ich werde nicht angenommen als der, der ich bin, nur der Körper interessiert meine Verwanden. Wut, große Wut in mir, Wut gegen den Körper, der den Platz der Seele einnimmt. Ich trenne mich von meinem Körper ab, ich fühle mich von ihm abgeschnitten. Dringend, ihn vollständig zu bewohnen. Alle meine Blockaden haben ihren Ursprung in dieser Verweigerung. Dankbarkeit gegenüber dem Körper, er ist der Tempel meiner Seele. Durch Akzeptieren des Rahmens kann ich ihn verändern. Ich gehe zur Geburt zurück, um das Kind zu heilen, zu akzeptieren, zu empfangen wie ein König der Erde und des Himmels. Wieder hergestelltes Königreich ermöglicht Akzeptanz. Wut verdampft in bläulichen Schwaden.“

Wenn die Geburt schwierig ist und die Menschen, die das zur Welt kommende Baby umgeben sich nicht bewusst sind, was das kleine Baby erlebt, hat dieses oft Schwierigkeiten, seinen Körper, der ihm soviel Schmerz gebracht hat, völlig zu akzeptieren.

Im Christians Falls, kommt zu den körperlichen Leiden noch ein inneres Unwohlsein dazu: „*Geburt ist Schlüsselmoment. Ich fühle mich vom Himmel abgeschnitten und wünsche mir nichts sehnlicher, als dorthin zurückzukehren, No man's land, Leere, schmerzhafte Geburt, Luftmangel. Ich fühle mich verloren, unnütz. Mein Herz zieht sich zusammen. Dies zu ändern ist dringend, dringend, lebenswichtige Bande wieder zu knüpfen, wieder herzustellen. Angst löst sich auf, ich begehe nochmals schmerzhaften Weg der Geburt und verändere die Lücken. Ich verbinde mich wieder mit dem totalen Licht. Ich integriere wieder meinen Körper und webe den Weg der vollkommenen Wiederverknüpfung.*"

Ziel ist es, mit der spirituellen Dimension wieder Kontakt aufzunehmen und gleichzeitig die mit der Kontingenz der Inkarnation verbundenen Einschränkungen zu akzeptieren. Eine symbolische Rückkehr in die Vergangenheit ermöglicht eine Umwandlung der Leiden, die man endlich aussprechen kann. So kann die unbewusste Verweigerung der Inkarnation, die mit dem Wunsch einer Regression ins Undifferenzierte einhergeht, der Akzeptanz des Lebens Platz machen. Dann kann der Individuationsvorgang wirklich ausgelöst werden.

...

Béatrice ist Malerin. Sie kommt aus verschiedenen Gründen zu mir, doch vor allem, weil die Sitzungen ihrer schöpferischen Tätigkeit neue Luft einhauchen. Sie schreibt:

„Sanft in mich hineingehen in Klarsichtbereich und in mich tauchen zur Feuertaufe, wo mich der Geist erwartet.

Richtiges Pfingsten richtet mich auf kosmischer Liebesleiter in der Harmonie des Ganzen aus. Wiederauferstehung erfolgt innerhalb meiner Zellen.

Farbe verändert den Menschen und harmonische Farbdisposition ermöglicht Erneuerung der diachronischen Tonleiter.

Ich trage den Zweig des Unendlichen auf Erden. Symbolik des Buchsbaums wieder aufnehmen und dem Unendlichen beim Anderen die Tür öffnen.

Freude, die Fülle des Wesens zu kontaktieren. Tonwechsel ist Öffnung zum neuen Menschen."

Dank der Gestützten Tiefenkommunikation konnte Béatrice des geistigen Wertes ihrer Künstlertätigkeit bewusst werden und ihre reale Dimension vollständig mit all den Anforderungen dieser Bewusstwerdung aufnehmen. Gleichzeitig konnte sie sich von ihren schmerzhaften persönlichen Problemen distanzieren.

...

Ob sie nun als Erfahrung stattfindet oder dank dessen, was die Gestützte Tiefenkommunikation durch den getippten Text an die Oberfläche bringt, trägt eine solche Bewusstwerdung dazu bei, die Sichtweise der Person gegenüber ihrer inneren Konflikte zu verändern.

Der Horizont erweitert sich, und was bedrückend erschien, verliert an Intensität. Die Person gewinnt an Höhe und betrachtet ihre Lage unter einem anderen Blickwinkel.

Ihr Bewusstseinsniveau hat sich allmählich erhöht. Die erlebte Schwierigkeit bleibt unverändert, aber sie berührt sie nicht mehr mit derselben Stärke.

Sie kann jetzt Zeuge ihres Erlebens sein und trotzdem von der Situation berührt bleiben.

„Damit ist dem Gewittersturm nichts von seiner Wirklichkeit genommen, aber man ist nicht mehr darin, sondern darüber. Da wir aber in seelischer Hinsicht Tal und Berg zugleich sind, so sieht es aus wie eine unwahrscheinliche Einbildung, dass man sich jenseits des Menschlichen fühlen sollte. Gewiss empfindet man den Affekt, gewiss ist man erschüttert und gequält, aber zugleich ist auch eine jenseitige Bewusstheit fühlbar vorhanden, eine Bewusstheit, die verhindert, dass man mit dem Affekt identisch wird, eine Bewusstheit, die den Affekt zum Objekt nimmt, die sagen kann: Ich weiß, dass ich leide.[24]"

Manche Situationen sind, zumindest momentan, unlösbar. Es geht eigentlich weniger darum, diese Probleme zu lösen, als sie zu überwinden.

Wir können mit derselben Bewegung eine Entfernung zu den mit der schmerzhaften Situation verbundenen Emotionen gewinnen. Wir werden nach und nach Akteure und Beobachter unseres Lebens.

---

[24] C.G.Jung, Kommentar zu „Das Geheimnis der goldenen Blume", Walter Verlag, Sonderausgabe 1995

Die Hand, Bote des Herzens

Kapitel V

Den Emotionen ihren Rechten Platz Wiedergeben

Die Begleitung in Gestützter Tiefenkommunikation öffnet einen Raum für den Ausdruck der Emotionen. Es kommt vor, dass die Emotion ohne eigentlichen Grund bei dem Schreibenden auftaucht, sobald die ersten Wörter durch Stützen der Hand getippt werden.

Isabelle Filliozat definiert die Emotion so: „Etymologisch hängt Motion mit Bewegung zusammen; das Präfix „e" zeigt eine Richtung an: nach außen. Die E-motion ist eine Bewegung nach außen, ein Elan, der im Inneren eines Menschen entsteht und zu seiner Umgebung spricht, eine Empfindung, die uns sagt, wer wir sind und die uns in Verbindung mit der Welt bringt.[25]"

Die Emotionen retten uns, indem sie psychologische Veränderungen hervorrufen, die unser Überleben sichern sollen. Sie geben uns die nötigen Informationen für eine geeignete Anpassung.

---

[25] Isabelle Filliozat, Die Intelligenz der Gefühle entdecken, Walter Verlag

„Emotionen sind für Gehirn und Geist ein natürliches Mittel, die Umwelt innerhalb und in der Umgebung des Organismus zu beurteilen sowie angemessen und passend darauf zu reagieren.[26]"

Die Emotionen sind auch ein Bestandteil unseres Lebens im Bereich der Beziehungen. In seinem Buch *Descartes' Irrtum*, erzählt der Neurologe A.R. Damasio den Fall von Patienten, die eine Verletzung im präfrontalen Hirnbereich aufwiesen. Die Verletzungen berühren die Denkfunktionen dieser Patienten nicht und die Intelligenztests zeigen, dass ihre Denkprozesse intakt sind.

Doch ändert sich ihr Verhalten, manche verlieren jeglichen moralischen Sinn, werden unfähig Entscheidungen zu treffen oder stürzen sich in zerstörerische Machenschaften. A.R. Damasio stellt bei diesen Patienten auch eine Unfähigkeit Emotionen zu empfinden fest: „Es war nicht einer darunter, der nicht unter einer Störung der Entscheidungsfindung und unter Gefühlsarmut litt. Verstand und Gefühlsleben sind gleichermaßen beeinträchtigt...[27]"

Eine passende Emotion gibt mir eine wertvolle Information, um die Situation, der ich gegenüberstehe einzuschätzen. Durch sie kann ich meinen Gedankengang stärken und die passende Entscheidung treffen. Daher ist das

---

[26] Antonio R. Damasio, Der Spinoza-Effekt: Wie Gefühle unser Leben bestimmen, Ullstein Buchverlage GmbH
[27] Antonio R. Damasio, Descartes' Irrtum, List Verlag

Bewusstsein, das ich von meiner Emotion habe, ein Bestandteil meiner Fähigkeit, Akteur meines Lebens zu sein. Ihr verdanke ich es, dass ich Wahlen treffen kann, die zu meinem Wohlergehen und meinem Erfolg beitragen.

Eine zu starke emotionale Last jedoch, kann meine Denkfähigkeit beeinträchtigen.

Der Emotion zu erlauben sich in dem Augenblick in dem sie auftritt auszudrücken, ist eine kluge Art eine Überlastung der Affekte im unpassenden Moment zu vermeiden. Sofort ausgedrückt dauert eine Emotion einige Sekunden oder maximal einige Minuten. Verdrängt man sie, besteht jedoch die Gefahr, dass Angst zu einem Angstzustand wird, Wut sich in Gewalt verwandelt, Trauer in Depressionen übergeht.

In unserer Gesellschaft hat der Ausdruck von Emotionen ein schlechtes Image. Daraus ergibt sich für die meisten von uns eine Tendenz, unsere Emotionen zu verdrängen oder auf unpassende Weise zu zeigen. Manche ärgern sich über die kleinste Angelegenheit. Es scheint, dass sie von etwas Unbedeutendem profitieren, um ihrem Gesprächspartner gegenüber eine alte Wut auszuleben, die einem anderen bestimmt ist. Die Emotion ist disproportioniert im Vergleich zur Lage und weist auf eine Wut aus der Kindheit hin, die nicht ausgelebt werden durfte. Für andere fließen Tränen der Trauer, obwohl Zorn gerechtfertigt wäre.

Auf unpassende Weise gezeigte Angst lähmt den Schüler vor einer Mathematikaufgabe, die er lösen soll.

Je nach der familiären und kulturellen Umgebung, in welcher wir aufgewachsen sind, haben wir bestimmte emotionale Erscheinungen mehr oder weniger unterdrückt oder verlagert.

In zahlreichen Familien sind gewisse Emotionen mit einem Verbot belegt. Dann springt eine andere Ausdrucksweise ein, um die Spannung zu lindern.

In meiner Familie war es verboten, Angst zu zeigen. Das Leben meiner Mutter, die an einem Herzfehler litt, hing nur an einem Faden. Heute denke ich, dass meine Eltern in der ständigen Angst lebten, der Tod würde ihr gemeinsames Leben beenden, und in gewisser Hinsicht hatten sie recht, sich zu fürchten, denn meine Mutter starb als ich 15 Jahre alt war. Doch wurde dieses Thema nie angesprochen. Im Gegenteil war mir das Wort Angst verboten, ich durfte es einfach nicht aussprechen. Also habe ich meine Angst zugedeckt. Das hatte zur Folge, dass ich als Teenager gefährliche Situationen suchte und riskante Sportarten auszuüben wählte, wie das Bergsteigen. Zweifellos wollte ich mir beweisen, dass ich mich vor nichts fürchtete und schon gar nicht vor dem Tod, wo dieser doch Grund des Verbots war. Risiken einzugehen war vielleicht eine Art und Weise, meinen eigenen Tod zu zähmen.

Aber der Angstzustand blieb wach und wartete nur auf eine günstige Gelegenheit, sich zu zeigen. Die Lage kehrte sich um, als ich selbst Mutter wurde. Für meine Kinder war ich überängstlich, aber immer noch unfähig, mein Gefühl auszudrücken. Angst ist kein sehr angenehmer Begleiter, deshalb, um nicht mit ihr in Kontakt zu treten, hat etwas in mir entschieden, die Angst durch Wut zu ersetzen. Ich hatte also lange Zeit den Hang, mich in Wut zu steigern, wenn ich mir Sorgen um eines meiner Kinder machte, das nicht rechtzeitig nach Hause kam.

Eine geeignete Hilfe ermöglichte es mir, Ordnung zu schaffen. Trotzdem spüre ich in Situationen, wo Angst angebracht wäre, Reaktionen von Wut in mir aufsteigen. Da ich aber dessen bewusst bin, kann ich diesen Vorgang schnell entschärfen.

Je nachdem was meine Eltern akzeptieren können, ersetze ich eine Emotion durch eine andere. Dadurch kann ich ein wenig von der Spannung abbauen, verfälsche aber die Information, die mir mein Körper gibt. Solange ich mir diesen Vorgang nicht bewusst gemacht habe, lebe ich mit einem Filter, der meine Wahrnehmung verzerrt. Das hat ein unangebrachtes Verhalten zur Folge.

In gewisser Weise fühle ich das Falsche und kann meiner Empfindung nicht trauen. Aber das ist nicht unwiederbringlich. Das Bewusstsein ist das mir gegebene Werkzeug, um mein Leben in die Hand zu nehmen und meine Verhaltensweisen zu ändern.

Die zerebralen Schaltkreise ändern sich, wenn ich meine Gewohnheiten ändere, selbst wenn die am häufigsten benutzten wahre Autobahnen werden und es Zeit bedarf, bis die Spur wieder von Vegetation überwachsen ist.

Es ist möglich, dass die Gestützte Tiefenkommunikation die Einrichtung neuer Schaltkreise begünstigt. Bis heute liegt kein Forschungsergebnis vor, das diese Hypothese untermauert. Doch in dem Maße wie sich die begleitende Stützung während der Dauer der Sitzung in den Dienst des Gestützten stellt, verwerfe ich den Gedanken nicht, dass eine Harmonisierung zugunsten des Nervensystems des Gestützten möglich ist.

Ich stelle jedenfalls fest, dass meine eigene innere Arbeit für die begleitete Person zur Verfügung steht und ihr erlaubt, Türen zu noch unerforschten Möglichkeiten zu öffnen.

...

Häufig sind die Emotionen, die nicht im richtigen Moment ausgedrückt und angenommen werden konnten, wahre Überlebensstrategien mit einem wichtigen Einfluss auf unser Verhalten.

Marie-Christine ist leicht revoltiert. Bei jeder Gelegenheit, macht sie mit viel Vehemenz ihren Widerspruch geltend. Es scheint als hätte sie eine Kampfstrategie ausgearbeitet, deren sie nicht wirklich bewusst ist:

„Ich rechtfertige den Wunsch, immer ein Oppositionsbedürfnis zu nähren. Ich beende dieses Spiel, indem ich Obstruktion verlangsame. Ich rechtfertige Kampf.

Loslassen für mich Schwerstarbeit. Unmögliche Kontrolle bringt mich dazu, meine Positionen zu prüfen. (...) Ich kämpfe gerne, ich kann es schlecht vermeiden.

Wut in Liebe umsetzen ist mögliche Lösung. Kampf verhindert, Existenzangst zu spüren. Von Angstzustand zu sprechen, das ist alter Begleiter, den ich mit allen Mitteln vermeide. Er schleicht sich in mein Leben ein, er nimmt verschiedene Gestalten an und animiert mich zum Kampf.

Von Schwimme (Fruchtwasser) sprechen, dahin zurückkehren, um wichtiges Band zu knüpfen. Und zu vollem Bewusstsein bringen, von wem winziges Baby stammt."

Es ist interessant zu bemerken, dass für Marie-Christine der Kampf ein Mittel ist, die lauernde Angst zu entschärfen. Ihr Unbewusstes weiß es

73

und gibt ihr die Information, die sie zur Änderung ihres Benehmens braucht.

Sie erwähnt später ihre Geburt:

„Geburt, richtig, die volle Wahrheit herzustellen. Geburt war nahe an Katastrophe, Angst überall präsent in mir und um mich herum. Ich entledige mich des eisigen Mantels, der meine Kleinkindheit begleitet hat (...)." Sie erklärt daraufhin, dass sie wegen eines schweren, bei ihrer Geburt festgestellten Gesundheitsproblems, mehrere Monate im Brutkasten verbringen musste. Sie hatte zu diesem Zeitpunkt keinerlei Möglichkeit, ihre Angst auszudrücken, die sich schnell in einen umso größeren Angstzustand verwandelte, als sie die Sorge ihrer Umgebung wahrnahm. Ihr Überlebenskampf nährte eine Wut, die ihr schließlich half, aus der Sackgasse herauszukommen. Ihr Text erlaubte ihr, der ursprünglichen Emotion bewusst zu werden und half ihr, sich von einem unpassenden Verhalten zu distanzieren.

Jede Emotion hat eine bestimmte Funktion. Die Wut lässt uns reagieren, wenn unser körperlicher und seelischer Raum nicht respektiert werden. Sie garantiert unsere Integrität. Wenn sie sich nicht ausdrücken kann, verwandelt sie sich etwa in Gewalt und Aggressivität. In unangebrachter Weise ausgedrückt, bringt sie uns in Opposition gegen unsere Umgebung und sorgt für zahlreiche Missverständnisse.

Marie-Christine gibt sich selber Lösungen, um aus dem Verhalten, in dem sie gefangen ist herauszukommen und, wie es in den meisten Fällen geschieht, endet ihr Text mit einer Öffnung zu einem besseren Leben: *„Ich repariere kleines Baby mit Lust, in Frieden zu leben. Ich lege den Kampf ab und weiß mich im Grunde unbesiegbar. Sich nicht zu ändern ist keine Lösung, betrifft Kampf. Unbewusst schaffe ich Kampfbedingungen und schaffe eine Außenwelt, die das erlaubt. Ich entschaffe Kampf, und Harmonie kommt auf. Meine große Schöpfungskraft gemäß meiner Begabungen nicht vergessen, sie hindert mich so, dass ich mir nicht bewusst bin, was ich schaffe. Vertrauen und Liebe sind die Hauptwörter. Freude, Erleichterung meiner Kontrolllast zu spüren. Ich stelle Energie wieder her, ich genieße es, mich zu überraschen. Freude trifft ein."*

Während einer späteren Sitzung tippt sie: *„Alter von sieben Jahren ist entscheidend. Gefühl der Verlassenheit und ich verkrieche mich. Ich bin erschrocken über die Unbeständigkeit der Menschen, denn ich lese in ihren Herzen. Nichts hält sich. Große Empfindsamkeit macht mir Probleme. Wieder auftauchen ist schwierig. Ich bin in unausgedrückten Emotionen versunken. Ein Tränenfluss zieht sich in mir zurück, ohne dass der Strom fließt. Wut ist eher erlaubt. Wut ist Verformung, Verzerrung, denn Verzweiflung im Herzen des Kindes."*

Weil ihre Umgebung Schwierigkeiten hatte, jegliche Erscheinung von Trauer anzunehmen, wurde also die Wut Marie-Christines einziges Ventil. Die Bewusstmachung ist heilsam, doch darin braucht das verletzte Kind Trost: „*Das Kind verlangt Wiedergutmachung damit sich die Erwachsene ganz entfalten kann. Die Erwachsene trägt noch in ihrem Herzen das verletzte Kind. Wiegen ist heute möglich, sodann erfolgt die Integration des Kindes. (…) Wasche meinen Himmel mit Wasser gut tuender Gelassenheit. (…)*

Ich sehne mich nach Seelenruhe im rasanten Abflug zu mir selbst ohne Restriktion. Revolte wird zu Schöpfung. Doppelte Berufung passt mir und beruhigt meine Seele. (Marie-Christine übt zwei Berufe aus).

Wiedergutmachung des Kindes ist im Gange. Große Sanftheit, unter meiner Revolte versteckt, zu akzeptieren ist wichtig, denn wirkende Sanftheit trägt riesige Heilkraft."

…

Die Bewusstwerdung einer Funktionsweise, die durch den unter Gestützter Tiefer Kommunikation getippten Text aufgedeckt wird, ermöglicht es der begleiteten Person, Zeuge ihres Missverhaltens zu werden und sich allmählich davon zu distanzieren, um sich schließlich ganz davon zu lösen.

Die Emotion kommt von einer Spannung, die abgebaut werden muss. Wenn Traurigkeit besser akzeptiert wird, wird die verbotene Wut in Form von Tränen herausgelassen. Es ist jedoch wahrscheinlich, dass ein nicht ausgedrückter Rest an Wut in der Psyche der Person eingeprägt bleibt wie eine Resterinnerung. Diese Erinnerung kann sich möglicherweise in einem unpassenden Moment zeigen und manchmal einen Nachkommen betreffen.

...

Delphine ist 9 Jahre alt, sie schlägt wegen nichts und wieder nichts die Türen zu und hat ein aggressives Verhalten in ihrer Familie. Sie tippt mit meiner Stützung: *„Wut kommt von weit her. Ich sage Wut, die Mama nicht sagen konnte. Ich trage in mir Last blockierten Lebens und Gewalt ist das allerletzte Mittel, Dämonen, die mich befallen, herauszulassen. Freude, endlich zu sagen. Auf dem Friesband des in der Kehle eingeklemmten Schmerzes herauszulassen. Befreiung trifft mich…"*

Delphines Mutter bestätigt ihrer Tochter ihre eigene Unmöglichkeit, als Kind den geringsten Wutanlass ausdrücken zu können. Ihr sehr autoritärer Vater ertrug es nicht, wenn sie ein Wort lauter als das andere aussprach. Ihr älterer Bruder durfte sich ärgern, doch wurde ein solches Benehmen von Seiten eines Mädchens als unzulässig verurteilt.

Der von Delphine getippte Text gab ihrer Mutter Gelegenheit, mit ihrer Tochter ihr eigenes Erleben als untergebenes Kind zu teilen. Delphine verstand, dass die von ihr gezeigte Aggressivität ihr nicht gehörte, dass sie im Grunde die Wut ausdrückte, die ihre Mutter nie ausdrücken durfte. Die Gestützte Kommunikation, gefolgt vom Wortwechsel mit der Mutter, erlaubte ihr, sich von einem Verhalten, in dem sie gefangen war, zu distanzieren.

Jocelyne konnte auf einen Unfall hin nicht mehr sprechen, sie wurde in einer Palliativstation aufgenommen. Ich begleitete sie einige Monate lang in Gestützter Tiefenkommunikation. Dank der Stützung ihrer Hand, sagte sie eines Tages einem ihrer Angehörigen, der aus Furcht sie zu verletzen seine Trauer nicht aussprechen konnte:

„Ich weiß von deiner Traurigkeit, wage sie zu sagen. Unterscheide Trauer von Angst. Trauer wäscht, fürchte sie nicht. Zurückgehaltene Trauer ist sterile Angst."

Dieser Text machte den Angehörigen dieser Frau bewusst, dass es keinen Sinn hatte, die während ihrer Besuche auftauchenden Emotionen zu unterdrücken. Jocelyne hatte die Traurigkeit gespürt, die sie ihr um sie zu schützen, verbergen wollten.

Dieser getippte Text öffnete eine Tür zu einem echten Austausch und ermöglichte den Beginn der Trauerarbeit.

Ich denke, dass die Gestützte Tiefenkommunikation über die Bewusstmachung hinaus erlaubt, eine mit der zurückgehaltenen Ausdrucksweise verbundene energetische Last freizusetzen. Ich ziehe es vor, meine eigenen Kinder nicht in Gestützter Tiefenkommunikation zu begleiten und rate meinen Studenten davon ab, mit ihren Kindern zu trainieren, denn eine Rollenvermischung könnte, meiner Meinung nach, eine schädliche Verwirrung schaffen.

Dennoch ist es vorgekommen, dass ich einer meiner Töchter, die nach einer schlecht verlaufenen Unterredung sehr zornig war, eine kleine Stützung anbot. Fünf Minuten lang schrieb sie eine Folge von Kraftausrücken wie sie unanständiger nicht sein konnten, sie entlud regelrecht ihre Wut über die Tastatur und der Impuls ihres Armes war besonders stark. Dann zog sie ihre Hand zurück und sagte: „Es ist vorbei, ich fühle mich wohl." Ich löschte den Text und es war nicht mehr die Rede davon.

Ich arbeite in Verbindung mit mehreren Chiropraktikern, die mir alle versichern, dass eine Sitzung in Gestützter Tiefenkommunikation vor ihrem eigenen Eingriff ihre Arbeit erleichtert. Was blockiert war, löst sich leichter auf. Der Körper reagiert besser, wenn die psychischen

Spannungen gelockert und die emotionalen Restlasten abgeführt werden.

Die Sichtbarmachung unserer emotionalen Funktionsweise trägt zur Befriedung unserer inneren Gegensätze bei. Frieden stellt sich nach und nach ein. Wir lernen „richtig zu fühlen". Die bewusst erlebten Emotionen lassen uns immer mehr Akteure unseres Werdegangs sein. Wir sind nicht mehr Gefangene überwältigender Affekte, sondern gewinnen Freiheit und Gelassenheit. Der Weg zum Sein wird leichter.

Wir werden ebenfalls des Einflusses der Erlebnisse unserer Vorfahren auf unser tägliches Leben bewusst. Wie Delphine, die die Wut ausdrückte, die ihre Mutter nicht ausleben durfte, werden wir häufig von einer unbewussten Kraft gesteuert, die aus den Familiengedächtnissen herrührt.

KAPITEL VI

DER MENSCH IN SEINER ZUGEHÖRIGKEIT ZU EINEM STAMM

Was bei der Gestützten Tiefenkommunikation zu Tage kommt ermöglicht ein Bewusstwerden der aktiven Interaktionen innerhalb unseres Familiensystems. Ich wurde in der Arbeit Bert Hellingers[28] ausgebildet und stellte fest, dass das, was während einer Sitzung in Gestützter Tiefenkommunikation zu Tage kommt, in mancher Hinsicht den beim Familienstellen zu beobachtenden Phänomenen sehr nahe kommt.

Die Traumen, die unsere Vorfahren erlebt haben, die Entbehrungen und Ängste, denen sie ausgesetzt waren, ihre Schwierigkeiten, sind uns eingeprägt und haben oft eine verborgene Wirkung auf unsere eigenen Tätigkeiten. Diese unterschwellige Aktion drückt sich manchmal in einem Mangel an Vertrauen ich sich selbst und in das Leben aus.

---

[28] Bert Hellinger, deutscher Psychotherapeut, entwickelte die Methode des Familienstellens. Es handelt sich um eine persönliche Arbeit, die in der Gruppe ausgeführt wird. Die Person, die ein Problem lösen will, „stellt" ihre Familie, das heißt sie stellt ihre eigene Familie im Raum auf, indem sie einen Vertreter für jedes einzelne Mitglied aus der Gruppe aussucht. Sie verteilt die einen in Bezug auf die anderen so im Raum, dass sie ein Bild dessen, was in ihrer Familie vorgeht, nach außen projizieren kann.

Ich habe selbst festgestellt, wie schwer die Kriegsverletzungen meines an einem Arm und einem Bein amputierten Großvaters auf meinem Leben lasteten auf Grund eines unbewussten Willens, jede Situation zu meistern, und einer Art Schmerzunempfindlichkeit, die lange in mir steckten.

Die Verbote, denen wir ohne es zu wissen unterworfen sind, sind ebenfalls in vielen Fällen ein Erbe unserer Vorfahren. Manche Menschen haben ein übertriebenes Pflichtbewusstsein und genehmigen sich keinerlei Hobbies oder entspannenden Zeitvertreib, der keinem speziellen Ziel folgt. Andere werden von unbewussten Loyalitäten getrieben und entsagen zum Beispiel einer Liebe, nur weil ein Ahne Umstände erlebt hat, die ihn daran hinderten, die Frau seines Lebens zu heiraten.

Es ist möglich, diese einschränkenden Einschnitte in unser Leben bewusst zu machen, um sich davon zu lösen und ganz zu sich selbst zu werden. Die Gestützte Tiefenkommunikation ist eines der Mittel zu diesem Zweck. Die Veränderungen erfolgen auf verschiedenen Ebenen, und über den getippten Text hinaus, der die Erlebnisse unserer Vorfahren ins Licht rückt, findet das Loslösen auf einem energetischen Niveau statt.

Der auf der Frequenz des Wesens, das heißt auf der höchsten Frequenz, arbeitende Begleiter erlaubt der begleiteten Person auf seiner eigenen Frequenz zu surfen und hilft ihr so, sich von den Gedächtnissen, die von seinen Vorfahren stammen, zu trennen. Diese Gedächtnisse vibrieren auf der Frequenz des betroffenen Ahnen.

Wir tragen alle in unseren Zellen den Schmerz unserer Vorfahren, sowie die Programme, die sie entwickelt haben, um mit ihren Lebensbedingungen und traumatischen Ereignissen fertig zu werden.

Aber wir tragen auch in uns die von unseren Vorfahren geerbten Ressourcen. Unsere Psyche ist reich an einer langen Vergangenheit, an Begabungen, die uns unsere Ahnen weitergegeben haben und die Teil unseres künstlerischen und spirituellen Erbes sind. Es kann sich um eine besondere Veranlagung handeln, die dazu beträgt, dass wir in einem bestimmten Bereich brillieren (Musik, Malerei, therapeutische Begabung...).

...

Ich begleitete mehrere Monate lang Christine, die an einer autoimmunen Krankheit litt, die ihre Tränen versiegen ließ. Es scheint, dass mehrere Faktoren diese Krankheit ausgelöst haben. Ein von ihrer Großmutter übertragenes und in ihrem Zellengedächtnis anwesendes Schuldgefühl wurde bei ihrer Geburt reaktiviert. Christine tippt mit mir:

„Ahnin ist mit abhängigem Kind gegangen, verräterischer Tod hat Band der Verantwortung zerrissen. Schmerzhafte Geburt von mir reaktiviert Gedächtnis des Fehlers. Ich glaubte Mutter zu töten als ich den Weg zum Leben erzwang. Freude, Feld des Fehler für Selbstverzeihung zu transzendieren." Sie bestätigt mir später, dass ihre Großmutter sehr jung verstorben ist und mehrere Kleinkinder hinterlassen hat.

Während einer weiteren Sitzung, schreibt Christine: *„Gedächtnis der Ahnin verfolgt mich, lebender Schiffbruch ist in Zellengedächtnis aufgenommen. (…) Ich breche Erbgesetz, Fluch ist aufgehoben."*

Heute hat Christine ihre Tränen wiedergefunden. Ein homöopathischer Arzt pflegte sie seit mehreren Jahren, und sie folgt außerdem anderen Wegen, um den Sinn ihrer Krankheit zu verstehen. Ich glaube, dass diese verschiedenen Therapien eine Veränderung auf mehreren Ebenen bis zur Heilung hin ermöglichten. Die ärztliche Versorgung war der zentrale Sockel und die Gestützte Tiefenkommunikation hat zweifellos den befreienden Auslöser bewirkt.

…

Marie, chilenischer Abstammung, leidet an einer Krankheit, die sie zur Unbeweglichkeit zwingt. Sie erwähnt während einer Sitzung ein Ereignis, dessen Echtheit sie bei ihrer väterlichen Großmutter nachprüfen konnte: *„Todesangst im Baum* (es handelt sich um den Stammbaum). *Es ist Tod von Großmutter in tragischem Erlebnis. Angst, Betrug, schrecklicher Krach, archaische Angst, lebend begraben zu werden."*

Tatsächlich war Maries Urgroßmutter beinahe bei einem Erdbeben verschüttet worden. Dieses sehr alte Gedächtnis war noch vorhanden und die Sitzung ermöglichte eine Befreiung, die den Stammbaum symbolisch traf. *„Freude unter Wurzel des Bösen zu schöpfen, Energie fließt frei, Lebensbaum wird grün."*

Ausdrücke wie *Lebensbaum wird grün* oder *Baum grünt wieder* erscheinen häufig am Ende der mit meiner Hilfe getippten Texte und beziehen sich auf die vorhergehende Erwähnung eines transgenerationalen Erlebnisses.

Es scheint, dass auf einer symbolischen Ebene, die von einem traumatischen Erlebnis unserer Vorfahren gelassenen Spuren verhindern, dass der Saft frei im Stammbaum fließt. Die Aussprache der mit diesem Erlebnis verbundenen Leiden hebt die Blockade auf und lässt die Lebensenergie alle Zweige des Baumes erreichen.

...

Catherine leidet an einem großen Minderwertigkeitsproblem, das sie daran hindert, ihr gesamtes Schöpfungspotenzial, vor allem in der Gruppe, auszudrücken, und zwar sowohl im Privatleben als auch beruflich.

Sie tippt, von meiner Hand gestützt:

„Angst des Kindes blockiert, Angst des kleinen Mädchens gezwungen an Fest teilzunehmen und Eingliederungsfähigkeit in Gruppe in Frage gestellt. Sagen, Mutter hat Nagel getroffen und Dummkopf habe ich mich gefühlt. Heute scheine ich Licht auf vereinsamtes Kind und repariere durch Blockierung meiner Intuition verursachten Schaden."

Catherine bestätigt mir, dass ihre Mutter immer dazu neigte, sie zu erniedrigen. Etwas später, im Verlauf derselben Sitzung, schreibt sie: *„Sehen wie sehr Mutter in riesiger Abwertung eingeklemmt ist. Mich zu demütigen war für sie Rettungsfloss und so nahm ich von allen Seiten Wasser auf. (…) Mutter kommt von einem energielosen Zweig des Lebensbaums. Zu ihrer Großmutter gehen und sagen wie sehr ihr geheimes Unglück auf Mutter gelastet hat. Schweigen tötet das zu gebärende Kind. Nur Licht auf Ahnin werfen, um Mutter zu befreien. Angst vor entstehendem Leben trifft Mutter.*

Sagen, Glühwürmchen verteilen sich auf Lebensbaum und nehmen gestaltlose Gesellen mit zum ewigen Licht. Freude groß, lebentragender Zweig von Mutter grünt wieder.

Energie fließt frei, um Mutter und mich zu erreichen. Freude groß. Vorrang ist, mich ein meinem Raum zu installieren. So, alles ist gesagt."

Dank des Geschriebenen konnte Catherine verstehen, dass das Verhalten ihrer Mutter eine unbewusste Wiederholung dessen war, was diese selbst erlebt hatte. Von da an hat sich eine Wiedergutmachung angebahnt, die es ihr ermöglichte, ihre Opferrolle zu verlassen, um die Verantwortung über ihr Leben zu übernehmen.

Es hat auch dazu beigetragen, nach und nach ihr inneres Mutterbild zu ändern, was einen positiven Einfluss auf ihre Beziehungen zu ihrer Tochter hatte.

In diesem Fall scheint ein Geheimnis dem mit dieser Abwertung verbundenen Erlebnis zugrunde zu liegen. Es ist jedoch nicht immer nützlich, das Geheimnis zu lüften, denn seine symbolische Erwähnung wirkt bereits befreiend.

...

Zu Beginn der Sitzung spricht Marie-Claire von der Angst, die sie überkommt, wenn sie sich in einem Auto befindet, aber auch unter anderen Umständen, zum Beispiel, wenn sie ein Flugzeug nehmen soll.

Sie berichtet von der Sorge ihrer Mutter, sobald eines ihrer Kinder zu spät kommt und tippt, von meiner Hand gestützt:

„Sorge der Mutter um Vater überschwemmt Bauchraum und ich spüre Unsicherheit."

Sie hat die Sorge ihrer Mutter, dieses Mal um ihren Mann, gespürt als sie schwanger war. En handelt sich um eine Lebenserinnerung, die bis in die Zeit im Mutterleib zurückreicht. Was sie aber danach schreibt zeigt, dass eigentlich ihre Mutter damals unter dem Einfluss eines noch viel älteren Erlebens stand:
„Mutter wurde in einschränkendes Lebensschema gezwungen. Rückkehr, um von Ahnenerfahrung hervorgerufene Angst zu entschärfen. Urgroßmutter auf Seiten der Frauen. Große Unsicherheit verursacht durch Weggehen des Mannes. Empfindliches Eintreten in die Welt verunsichert Großmutter. Angst vor dem Tod allgegenwärtig."

Marie-Claires Großmutter wurde 1915 geboren als ihr Vater an der Front war. Sie spürte die große Sorge ihrer Mutter während der Schwangerschaft. Diese Erfahrung zeigte sich bei den Nachkommen wieder, insbesondere bei Marie-Claires Mutter in einer übertriebenen Sorge um ihre Angehörigen.

Es ist interessant zu bemerken, dass wieder die Zeit im Mutterleib problematisch für Marie-Claire war, ebenso wie für ihre Großmutter. Heute empfindet Marie-Claire nicht mehr diese unüberwindbare Angst.

...

Oft hemmen unbewusste Loyalitäten gegenüber der von einem Vorfahren getroffenen Entscheidungen unseren eigenen Lebensweg und verhindern die Verwirklichung aller Potenziale eines Menschen. Mit der Stützung der Hand können bestimmte Familienschemen offen gelegt werden. Sobald diese ins Bewusstsein gebracht werden, wird es leichter, sich davon zu lösen.

Claude, zum Beispiel konnte sich niemals dauerhaft an einen Lebenspartner binden. Im Laufe der zweiten Sitzung erwähnt das mit meiner Stütze Geschriebene die Erfahrung ihrer Großmutter, die aus konventionellen Gründen von ihrer Familie daran gehindert wurde, den Mann, den sie liebte, zu heiraten. Eine unbewusste Loyalität zu dieser Großmutter trieb sie dazu, ledig zu bleiben, statt eine geteilte Liebe zu erleben.

Unzählige Familienloyalitäten sind so in uns eingeprägt, dass sie uns daran hindern, gemäß unseren tiefsten Bestrebungen zu leben. Die gestützte Tiefenkommunikation ermöglicht es, auf psychischer Ebene das Schema, dem wir uns beugen, offen zu legen und zu entprogrammieren. Es obliegt dann jedem Einzelnen zu wagen, sein Leben nach seinen Vorstellungen leben und die durch die Gestützte Tiefenkommunikation erleichterte Wandlung zu vollziehen.

...

Georges kann sich nicht vorstellen bei seiner Arbeit Freude zu empfinden. Er fühlt sich schuldig, sobald ihm eine auszuführende Aufgabe ein Freudegefühl vermittelt. Er schreibt unter begleiteter Geste: *„Vater hat Platte mit kostbarem Schuften programmiert. Loyalität loslassen, Großvater hat unter unterbrochenem Projekt gelitten. Ich durchschneide Faden der Loyalität und Freudefunken steigt Ast des Baumes hinauf."*

Im Laufe einer späteren Sitzung erwähnt er das Schuldgefühl, das ihn lange Zeit verfolgte: *„Beschwert war ich von der Wiege an, Lebenskette trägt fehlendes Glied. Geselle kommt in Schwimme um und ich wurde gezeugt als des Lebens schuldig. Mutter beschwert durch Angst ihrer Mutter, Lebenskette vor Mutters Geburt getroffen. Ich verstehe den Einfluss auf mein Leben. Mutter ihren wahren Platz wiedergeben und ich befreie mich und sie. Kerze anzünden für das am Rand der Vergessenheit blockierte Kind, dem ungeborenen Baby einen Namen geben. (…) Mein Herz freut sich, Unabhängigkeit zu in diesem Geheimnis eingemauerter Mutter. Eine Tür öffnet sich in den Strahlenkranz und göttliches Licht erlaubt Wiederaufnahme eines jeden an seinem richtigen Platz. Ich habe keine Schuld mehr, Freiheit gestattet mir, in Wahrheit Ich zu sein. Mutter hatte mich mit einem von ihrer Mutter kommenden Schuldgefühl belegt. Freiheit gibt mir Integrität meiner Lebenskräfte wieder. Vertrauen stellt sich ein, Heilung erreicht jede meiner Zellen."*

In diesem Text, weisen das Wort *Was bei der Tiefenkommunikation zu Tage tritt* sowie der Ausdruck *ungeborenes Kind* auf eine abgebrochene Schwangerschaft, zweifellos bei Georges' mütterlicher Großmutter hin. In einem solchen Fall erscheint es mir nicht nötig, die betroffenen Personen auszufragen, um zu wissen, was wirklich geschehen ist. Im Laufe der Sitzungen hat sich Georges' Verhältnis zu seiner Mutter weitgehend gebessert und sein Schuldgefühl wurde immer weniger spürbar.

Was in der Tiefenkommunikation zu Tage tritt, ist gefühlsbedingt und hat keinen Informationswert. Was geheim gehalten wird, ist meistens mit einem Schamgefühl verbunden. Indem wir die schmerzhaften Erlebnisse unserer Vorfahren anerkennen, geben wir ihnen symbolisch ihre Würde zurück und sie wachsen in uns. Es hat keinen Sinn, mehr wissen zu wollen über das, was wirklich passiert ist. Ich denke, dass es im Gegenteil besser ist, sich einfach an das Getippte zu halten, ohne Druck auszuüben.

In diesem Fall habe ich die Kommunikation kurz unterbrochen, um gemäß dem Geschriebenen eine Kerze anzuzünden: *„Kerze anzünden für das am Rand der Vergessenheit blockierte Kind."*

Außerdem wurde während der Sitzung ein Name gegeben. Es geschieht häufig, dass die Notwendigkeit erwähnt wird, einem ungeborenen

Kind im Bezug auf abgebrochene Schwangerschaften einen Namen zu geben. Auf diese Weise wird das Kind voll anerkannt und kann seinen Platz im Stammbaum einnehmen.

Parallel zu unseren Sitzungen in Gestützter Tiefenkommunikation, machte Georges eine Kur in freiem Wachtraum mit einer meiner Kolleginnen, die auch die Gestützte Tiefenkommunikation kennt. Am Ende dieser inneren Arbeit, konnte er wichtige Entscheidungen treffen, die die Qualität seines Berufs- wie auch seines Privatlebens beträchtlich verbesserten.

Die Bewusstwerdung der Konditionierung und der Lasten, die von unseren Vorfahren getragen werden, ermöglicht häufig eine tiefe Veränderung der Familienbeziehungen und eine tiefe Aussöhnung mit unseren Vätern, unseren Müttern und deren Aspekt, der in jedem von uns vorhanden ist. Jeder kann daher die Verantwortung über seine Zukunft übernehmen, ohne den Fehler auf den einen oder anderen Elternteil abzuwälzen.

Was auch immer die Liebeserweisung verhinderte, unsere Eltern sind Träger einer Lebensenergie, die sie uns mitgegeben haben und die uns stützt. Der Inhalt der getippten Texte bringt uns wieder in Kontakt mit dieser Lebensenergie.

...

Unsere Vorfahren haben uns auch ungeahnte Reichtümer hinterlassen und die Sitzungen können die verborgenen Schätze, die in unserem Inneren schlummern bewusst machen. So schreibt Béatrice, die Künstlerin ist, zu Beginn einer Sitzung: *„Ich bin entschlossen, ungewöhnliches Schicksal zu akzeptieren. Aber Widerstand in meinem Inneren blockiert noch den Wandlungsprozess."*

Eine Arbeit findet während der Sitzung statt, die es ihr ermöglicht ihre Widerstände zu lösen. Danach schreibt sie: *„Ich bin würdige Erbin eines großen Weisen"* und stellt fest, dass ihr Urgroßvater, der auf dem Land lebte und es gewöhnt war, die Natur zu beobachten, eine entscheidende Entdeckung für die Archäologie machte. Er wurde nicht richtig gewürdigt und andere haben seinen Ruhm für diese Entdeckung eingesteckt.

Die in ihr steckenden Gaben ganz und gar zu akzeptieren, ist für Béatrice ein Mittel, das Andenken an diesen verkannten Vorfahren zu ehren.

Marie erwähnt die Echtheit der Liebe, die in ihrem Stammbaum existiert: *„Den Reichtum des Weges der Ahnen sehen. Meine Großmutter hat mir ihre echte Liebe vererbt. Integrität und klare Stellungnahme."*

Chantal spricht von einem erhaltenen Erbe, ohne jedoch genaueres über dieses Erbe auszusagen: *„Die Leben bis zu mir nebeneinander zu stellen ist heilsam, um den Verlauf des Weges zu definieren. Leitfaden in mir finden, die Leben sind überschrittene Stufen und fassen meinen Lebenslauf zusammen.*

Die Werkzeuge finden sich im Kasten, nur den Deckel öffnen. Ahne hat den Schlüssel. Kasten ist die Weisheit des Onkels, der ihn mir übergeben hat."

Ich habe festgestellt, dass das, was in Gestützter Kommunikation ausgedrückt wurde, mehr oder weniger klar war, als ob es die Betroffen anregen wollte, selbst die verfügbaren zusätzlichen Informationen zu suchen.

Es geht tatsächlich darum, der Person zu ermöglichen, autonom und unabhängig zu werden. Das Unbewusste – oder sollte man besser von Bewusstsein sprechen? – „kaut" die Arbeit nicht vor, sondern lädt zu einer persönlichen Vertiefung ein. Das Wesentliche dabei ist die Bewusstwerdung des Reichtums, der in jedem von uns schlummert.

Letztlich ist es die Akzeptanz der Familiengeschichte im Ganzen, die Zugang zu einer neuen Freiheit gibt: „Das Schicksal unserer Familie voll und ganz anzunehmen, es zu betrachten und zu respektieren öffnet eine Tür in uns, die es uns ermöglicht, unser eigenes Schicksal zu akzeptieren. Das, was ist zu akzeptieren befreit uns von inneren Konflikten. Von da an können wir wirklich die Verantwortung über unser Leben in die Hand nehmen.[29]«

Der Reichtum in jedem von uns übersteigt die Grenzen der Familie, wir gehören auch einer Kultur oder mehreren spezifischen Kulturen an. Ein oder mehrere Länder haben die Geschichte der Familie geprägt.

Unsere Vorfahren waren auch Zeugen von Kriegsgeschehen oder Erdbeben, die unseren Stammbaum getroffen haben.

Es ist möglich, mit dem Halt, den die Ressourcen der Vergangenheit geben, in Kontakt zu treten und sich gleichzeitig von den familiären Dysfunktionen, die von den Schicksalsschlägen der Geschichte auf unseren Stammbaum ausgelöst wurden, zu lösen.

---

[29] Matine Garcin-Fradet, *Et si nos ancêtres parlaient à travers nous*, Verlag Quintessence

Die Hand, Bote des Herzens

KAPITEL VII

DER MENSCH IN SEINER ZUGEHÖRIGKEIT ZUR GESCHICHTE

Die Schrecken der Geschichte haben unsere Vorfahren getroffen und die erlittenen Traumen wirken sich auf das Verhalten ihrer Nachkommen aus.

...

So erging es Jean, der ein widerspenstiges Temperament hat und sich bedrückt fühlt sobald er sich einer von einem Vorgesetzten getroffenen Entscheidung beugen muss. Er tippt mit mir:

„Einberufung zum Militär hat das Gesetz aus dem Familienkreis ausgesperrt." Er erwähnt daraufhin, dass sein Urgroßvater im Krieg von 1914-1918 Soldat war.

Dann schreibt er: *„Gewirr widersprüchlicher Befehle stört Lesespur des Ahnen. Krieg blies Wind der Panik ins Herz des Mannes, der auf Befehl aufgereiht wurde, um Tod zu bringen. Schwerer innerer Konflikt, wem gehorchen? Grosse Verwirrung, Verlust aller Bezugspunkte. Vertrauensverlust in das Gesetz, direkter Einfluss auf aktive Angst, dem Gesetz zu gehorchen. Zu* *sagen entriegelt die Tür des Schweigens. Licht durchflutet Lebensbaum. Baum grünt, große Freude. Kaskade der Gnade steigt in mir herab, kleiner Junge in mir heilt Furcht vor ungerechtem Gesetz."*

Dass sein Urgroßvater vom Zwang zu töten zutiefst verstört war, kam in seinem Urenkel zum Ausdruck. Die Sitzung ermöglichte die Bewusstmachung dieser Erinnerung. Eine Änderung ist im Gange. Jean schreibt in Tiefenkommunikation: *„Das Gesetz ist an seinem Platz, ich bin derjenige, der die Gesetzestafeln integriert und Platz ist von reparierender Liebeskraft errungen."*

...

Die geschichtlichen Erschütterungen, vor allem die Kriege mit ihren vielen Toten, bewirken regelrechte Orkane, die den Stammbaum durchschütteln.

Dominique ließ sich mehrere Jahre lang von einer in transgenerationaler Therapie spezialisierten Therapeutin helfen.

Was während einer der Sitzungen in Tiefenkommunikation geschah, hat mich anfangs zutiefst aufgewühlt. Ich spürte zunächst eine Veränderung im Stützen der Hand, die Bewegung wurde etwas schneller und die Hand schwerer. Dominique selbst sage mir: „Ich habe das Gefühl, dass nicht mehr ich spreche." *Von den ersten Sätzen an verstand sie, dass der Text das Leben ihrer Urgrossmutter betraf, die mehrere Söhne im ersten Weltkrieg verloren hatte: „Verrat der Söhne tötet die Mutter. Söhne von mir verloren, ungeheure Wut. Pflicht zu töten tötet den Menschen. Helft mir, ich suche verzweifelt nach Frieden. Schrecken, in geschlossenem Raum eingesperrt zu sein. Nie vergossene Tränen in mir blockiert, Fluss meiner Augen entspringen lassen, Brunnen zum Stillen meines Durstes, Tränenfluss...*

Dein Licht, Enkelin, dein Licht holt mich aus der Verirrung. Harte Realität der Halbtoten. Aus dieser Welt all diejenigen ziehen, die zwischen Leben und Tod irren. Wissen, dass das zerrissene Herz einer Mutter einen Teil ihrer Kinder im Herzen behält und sie daran hindert, ihre Lichtheimat zu erreichen. (...) So, ich trete wieder mit der göttlichen Wahrheit meines Wesens in Kontakt und ziehe mit mir ans Licht meine Söhne, die im Schattenreich blieben. Meine Söhne sind geheilt und ich kann das wahre Licht aufsuchen. Danke, danke."

Was während einer solchen Sitzung geschieht hat wenig mit dem gemein, was sich beim automatischen Schreiben abspielt. Ziel der Tiefenkommunikation ist es nicht, einen Kontakt zu suchen, sondern dem Schreiber Besserung zu bringen und eine heilsame Wandlung in seinem Stammbaum zu ermöglichen.

Es ist wichtig, dass sich keine mit der Kontaktmöglichkeit zu einer geliebten Person verbundene Abhängigkeit einstellt. Aber es geschieht manchmal, dass eine derartige Nachricht es dem Hinterbliebenen ermöglicht, friedlich in den Trauerprozess einzutreten.

Wenn ein solcher Kontakt während einer Sitzung stattfindet, dann immer weil es für den Menschen, der mich aufsucht, angemessen ist.

Um auf die erwähnte Sitzung zurück zu kommen, so wurde in Bezug auf den ersten Weltkrieg geschrieben: *„Grabstätte hätte den Gebeten erlaubt, ihr Ziel zu treffen. Grabstätte ist Erdung für die Gebete der Menschen. Schickt Tonnen von Liebe auf die Schlachtfelder und auf den Grund der Meere.“*

Die Söhne dieser Frau galten als verschollen, und sie hat nie ihre Trauerarbeit machen können. Die ermöglichten Wandlungen durch Sitzungen wie diese treffen den gesamten Stammbaum, wodurch jeder seinen richtigen Platz einnehmen kann.

Im Laufe derselben Sitzung fragte mich Dominique, ob es möglich wäre, herauszufinden, ob alle „Fehlenden“ der Familie wiedergefunden wurden. *„Es gab so viele Tote während der vergangenen Generationen“*, sagte sie.

Daraufhin tippte sie: *„Den Stammbaum in Feuerbuchstaben schreiben und virtuelle Blumen zwischen die Zeilen säen. Das Buch der bekannten verkürzten Leben schreiben und mit lebendiger Liebe alle diejenigen begießen, die dazugehören. Feuer des Himmels steigt herab und befreit alle Dazugehörigen. Halleluja."*

Wir können die Vergangenheit nicht in allen Einzelheiten nachvollziehen, auch können wir nicht die Spuren all derer, die aus dem Ahnengedächtnis verschwunden sind, wiederfinden. Aber die Öffnung, die eine Akzeptanzarbeit der Vergangenheit schafft, ermöglicht das Wiedereinfügen der „Vergessenen" in den Stammbaum.

Was diesen letzten Fall betrifft, so hat die Tatsache, dass Dominiques Urgrossmutter ihre verschollenen Söhne nicht betrauern konnte, eine Leere im Stammbaum geschaffen. Diese Leere entsteht, wenn es unmöglich ist, den Abgang der verschwundenen Person zu akzeptieren. Dadurch wird verhindert, dass diese symbolisch zu ihren Ahnen zurückkehrt. Der Verschollene, den man nicht betrauern konnte, kann seinen Platz im Stammbaum nicht einnehmen.

Oft identifiziert sich ein Nachkomme unbewusst mit dem betroffenen Vorfahren, um sein Andenken wach zu halten.

In allen Fällen ist die Anerkennung der Ausgeschlossenen unbedingt erforderlich, um eine angemessene Einverleibung der Vergangenheit zu erreichen. Dabei ist es gleichgültig, ob eine Trauerarbeit unmöglich war oder ob die Betroffenen Taten, die von ihren Angehörigen verurteilt wurden, begangen hatten. Diese Anerkennung befreit die Nachkommen von einer Identifizierung, die sie daran hindert, ihren eigenen Lebensweg zu gehen.

...

Hungersnöte und alle möglichen Arten von Mangel, die oft die Lebensbedingungen unserer Vorfahren und ihre Geschichte prägten, wirken sich ohne unser Wissen aus.

Marion hat ein Problem mit Übergewicht, das allen Diäten trotzt, ein Problem, das auch ihre Großmutter kannte. Es scheint als ob ihr Körper Reserven einlagere, so als ob er sich an einen Mangel erinnere. Marion schreibt unter Tiefenkommunikation: *„Gewicht der Frauen durch große Angst, im Nichts des Stammbaumes zu verschwinden. Gebrochener Ast bringt dem Ahnen der Revolution keine Energie mehr. Freude, es zu sagen. Licht dringt in Ast ein und lässt neuen Saft bis zum letzten Nachkommen fließen. Erinnerung an Mangel rammt Erinnerung der Ahnin. Hunger und starker Frost beschweren Erinnerung des Körpers.“*

Einige Tage nach der Sitzung, verspürte Marion tatsächlich eine Kältewelle gefolgt von ungewöhnlichem Hunger, als ob die Entprogrammierung dieses Ahnengedächtnisses über ein Körpergefühl erfolgen sollte.

Das Geschriebene betrifft manchmal eine weit zurückliegende Vergangenheit und lässt ein Gedächtnis an ein früheres Leben vermuten.

Ich halte mich lieber an den Begriff des kollektiven Unbewussten[30] wie Jung es beschrieben hat, einerseits, weil es unmöglich ist, die Wahrhaftigkeit eines solchen Erlebnisses zu nachzuprüfen, andererseits, weil es sich ebenso um ein sehr altes Ahnengedächtnis handeln könnte.

Ich persönlich hege keinerlei speziellen Glauben an die Hypothese einer Wiedergeburt. Im Hinblick auf die Kürze eines Menschenlebens, erscheint es mir jedoch wahrscheinlich, dass sich unsere Entwicklung über eine wesentlich längere Dauer abspielt als die sechzig oder achtzig Jahre, die uns für unser Leben gegeben sind. Dieses Leben, das ich heute durchlaufe, wäre demnach nur ein Abschnitt meines gesamten Lebens.

---

[30] „Eine gewissermaßen oberflächliche Schicht des Unbewussten ist zweifellos persönlich. Wir nennen sie das *persönliche Unbewusste*. Dieses ruht aber auf einer tieferen Schicht, welche nicht mehr persönlichen Erfahrungen und Erwerbungen entstammt, sondern angeboren ist. Diese tiefere Schicht ist das sogenannte *kollektive Unbewusste.*" C.G. Jung, Gesammelte Werke 9/1, Über die Archetypen des kollektiven Unbewussten, Walter Verlag

Diese Hypothese hat den Vorteil, den großen Reifeunterschied in der Entwicklung, der zwischen den Menschen ungeachtet ihres Alters existiert, zu erklären. Sie gestattet auch eine Art von Toleranz: ebenso wie man von einem Kind in der ersten Grundschulklasse nicht verlangen kann, das Philosophieprogramm der Abiturklasse zu verstehen, kann man einem Menschen seinen Mangel an Bewusstheit vorwerfen, wenn er das Erdenleben zum ersten Mal erfährt.

Die Hypothese der Wiedergeburt, stellt uns alle auf dieselbe Ebene, dadurch dass wir alle zahlreiche Rollen durchgespielt haben (zweifellos waren wir Missbraucher und Missbrauchte, Mörder und Opfer, arm und reich…).

Dennoch stört mich diese Auslegung wegen ihrer Einseitigkeit. Sie erscheint mir zu geradlinig und reduzierend, so als ob ich ein Messband verwenden würde, um alle Facetten einer Kugel darzustellen. Mit scheint, dass mein Intellekt nicht hoch genug entwickelt ist, um die Komplexität des Lebens zu erfassen.

Der Bezug auf das kollektive Unbewusste erklärt die Verbindung, die zwischen allen Menschen existiert und trägt dazu bei, dass sich die Person, die ich begleite nicht mit den in ihren Schriften auftauchenden Erinnerungen identifiziert. Die Inflation, das heißt hier die Tatsache, dass sich die betroffene Person den Inhalt des kollektiven Unbewussten aneignet, ist meines Erachtens eine der Gefahren, die mit der Identifikation mit den Erinnerungen, die in der Tiefenkommunikation auftauchen, zusammenhängt.

In einigen Fällen jedoch scheint der Text von selbst auf dem persönlichen Aspekt der uralten Erfahrung zu „bestehen" als wolle er den Betroffenen bei der Aufnahme der gegebenen Information in sein Bewusstsein begleiten. Tatsächlich erscheint dieses Bestehenwollen des Textes, wenn die Person die Idee der Wiedergeburt akzeptiert.

Jeder versteht den getippten Text in Bezug auf sein eigenes Glaubenssystem, und es ist wahrscheinlich, dass dieses System einen direkten Einfluss auf den Inhalt des Textes hat. Doch wichtig sind letzten Endes die Wandlungen, die dank des durch Stützen der Hand getippten Textes ermöglicht werden.

...

Ich konnte auch feststellen, wie sehr das, was in Verbindung mit der „uralten Erfahrung" auftaucht, jeweils eng mit der in der Sitzung erwähnten Problematik verknüpft ist.

Mathilde, die von einer Krankheit zur Unbeweglichkeit gezwungen ist, sagt es deutlich in der Tiefenkommunikation: *„Alte Melodie wird in Moll wieder gespielt."*

Dann fügt sie hinzu: *„IV. Jahrhundert, Angst hat Vergiftung gebracht und Fluchtdelikt lässt mich wie tot zurück. Ich stelle volles Leben durch Band der Wörter wieder her (...) Ich bin sieben Jahre alt, Mutter hat Fluchtplan gespielt und ich bin vernichtet. Es zu sagen rehabilitiert mich, zu sagen wagen, dass die Liebe Sieger ist.“*

Weil er in Resonanz zu einer Geschichte steht, die zur Seele spricht, scheint mir, dass der Text es ermöglicht, eine Harmonie zwischen dem Seelenplan und den manchmal schmerzhaften Ereignissen, denen der Mensch ausgesetzt war, herzustellen.

...

Eine Psychotherapeutin, die mit mir in Ausbildung war, bat mich um eine Sitzung, um zu versuchen, eine Blockade bei ihrer Arbeit mit der Tiefenkommunikation aufzuheben. Trotz ihrer Fähigkeiten, hatte sie nämlich den Eindruck zu verhindern, dass sich das getippte ausdrücken könnte, als ob ein Teil ihrer selbst den Vorgang nicht zu verwirklichen wagte und den Impuls ihrer Kommunikationspartnerin blockierte. Sie schreibt folgendes: *„Ich lese zwischen den Zeilen des Lebens. Mit zurückgehaltenen Tränen erlebe ich in mir Traurigkeit der Mutter. Angst in verbotenes Gebiet einzudringen.*

Kindheit mit anderem Leben verbinden und alles wird offen gelegt. 14 Jahre, Eintritt in Frauenleben zermalmt Kinderherz. *Ich komme um, wenn ich sage, was ich wahrnehme. Ich weiß zuviel, ich werfe eine Mauer zwischen mich und die Menschen. Angst eindringlich zu sein, lässt vergangenen Schmerz aufleben. Auszug befreit mich, alles ist richtig, richtig, mit meinen Wahrnehmungen zu helfen. Mädchen in mir ist geheilt.*

Früheres Leben ansehen. 1126, Südfrankreich, Angst allgegenwärtig, perfekt zu sein ist Schwerarbeit, sofortiges Erkennen der Wahrheit nagelt mich an den Pranger der Angst. Mich als Verräter auszugeben, befreit den anderen. Angst zu wissen, Feuer der Menschen verbrennt mich. Zu sagen holt mich aus dem Verlies der Ängste. Die Lüge reparieren, letzter Weg zum Leben. Furcht löst sich auf. Wiedergeburt."

Die Sitzung endet mit diesen Worten: *„Ich erlaube, dass das Unsagbare ausgesprochen werden und sich wandeln kann. Freude, Agent der Verwandlung zu sein. Gelassen dahingehen und alles erfüllt sich.*"

Auf diese Sitzung hin konnte diese Praktikantin die Tiefenkommunikation weit flüssiger praktizieren.

...

Patrick hat große Sehschwierigkeiten. Er ist äußerst kurzsichtig, deshalb zögert er, lange

Fahrten mit dem Auto zu machen und sucht mich auf, um den Ursprung dieser Sehprobleme zu verstehen. Mehrere Themen werden während seiner Sitzungen im Zusammenhang mit seinen Schwierigkeiten erwähnt, insbesondere ein schmerzhaftes Erlebnis im Mutterleib: *„Öde der Schwimme verschließt mir die Sicht. Recht zu leben ist bedroht. Blindheit des Kerlchens ist Überlebenslösung*[31].*"*

Patrick erzählt mir daraufhin, dass seine Mutter ihm einen Versuch, die Schwangerschaft abzubrechen, anvertraute weil diese sie in Verlegenheit brachte,.

Was dann folgt ist unerwartet und dennoch mit dem *„Recht zu leben"* im Mutterleib verbunden: *„Ich habe diesen schweren Weg gewählt, um vergangenes Leben zu heilen und mich in der Anteilnahme, die Zorn und Hass transzendiert, zu verankern. Vorläufiger Sehverlust hat Transzendenz geholfen. Tür der Herzen weit öffnen. Vergangenes Leben spricht von innerer Gewalt, die Spaltung in mir bewirkt hat. Anderes Leben ist betroffen, Verfall der geknebelten Seele. Den Schierlingsbecher zu trinken, bringt mich von einem Extrem ins andere und ich entsage dem edlen Herzen, um zu überleben. Verleugnung meiner wahren Wahrheit, den Knoten lösen, der mich einengt. Ich heile von einem großen Trauma. Schuldgefühl seit diesem Leben verankert,*

---

[31] In den mit meiner Stützung getippten Texten bezeichnet Schwimme die Zeit im Mutterleib und Kerlchen den Fötus.

Verneinung eines Teils meiner Wahrheit. Halsstarrigkeit, die mich und meine Verwandten ins Verderben stürzt. Riesiges Elend und ein Teil von mir bleibt im Gefühl meiner Unwürdigkeit blockiert. Gewalt des Volkes im Freudenrausch hatte mich in meiner Ganzheit getroffen. Blindheit also programmiert, um den unerträglichen Gewaltausbruch nicht zu sehen.

Alles löst sich, Licht steigt in die Schwärze der Verliese hinab. Licht befreit meine Seele vom Gefühl der Unwürdigkeit."

Dieser Text erwähnt deutlich eine Verbindung zwischen den gegenwärtigen von der Seele gewählten Umständen und einer schmerzhaften Situation der Vergangenheit, die transzendiert werden muss.

Aus der Sicht der Jungschen Psychologie, würde ich sagen, dass die Tiefenkommunikation eine Harmonisierung des Bewusstseins mit dem persönlichen Unbewussten ermöglicht, Dieses wird über den getippten Text mit dem „kollektiven Unbewussten", dessen Inhalte in den archaischen im Text erwähnten Bildern auftauchen, in Einklang gebracht.

Es scheint mir jedoch gerechtfertigt, die Hypothese aufzustellen, dass jeder von uns einen Seelenplan in sich trägt. Dieser Plan veranlasst die Seele, Umstände des gegenwärtigen Lebens je nach den Erfahrungen, die sie für ihre Weiterentwicklung braucht, zu wählen.

Der in Tiefenkommunikation getippte Text bringt bestimmte Aspekte dieses Plans ins Bewusstsein mit dem Ziel, die Harmonisierung zwischen dem Wunsch der Seele und den Banalitäten der gegenwärtigen Inkarnation zu ermöglichen.

...

Die vergangenen Erinnerungen sind auch Träger von Reichtum, die durch die Tiefenkommunikation aufgedeckt werden. In manchen Fällen geriet der innere Reichtum in Vergessenheit auf Grund der geschichtlichen Vorfälle.

Claudine neigt zur Selbstabwertung, sie legt eine übertriebene Bescheidenheit an den Tag. In Tiefenkommunikation schreibt sie: *„Familie, ihres Ranges verlustig, fällt tiefer als die Erde. Blutadel ist vergessen und führt zu extremer Verwirrung. Zu sagen, dass Blut Erinnerungen an Königtum trägt, das zu sagen gibt Ahnen Glanz zurück, göttliche Erinnerung ins Blut gegeben wird in mir neu aktiviert. Freude, in meinem Körper Dysfunktion der Ahnen umzuwandeln. Ahnen von meiner Arbeit berührt. Ein Lichtschacht öffnet sich und saugt in einem Freudestrudel die in Not geratenen Wesen ein.“* Allmählich gewinnt Claudine Vertrauen in ihre Fähigkeiten zurück, tritt positiv auf und genießt die Anerkennung ihrer Umgebung.

Ein Text wie der folgende erwähnt eine in weiter Vergangenheit geprägte Erfahrung, die diesem Leben auf Erden vorhergeht:

„Endlich Wahrheit meines Wesens wiederfinden. Zahlreiche Leben ermöglichten die Ausarbeitung des Weges der Farben. Deshalb ist alles so hell in mir drin. Ich wandere seit so langer Zeit. Ägypten hat das tiefe Verständnis der Rollen der Farben auf dem Weg des Eingeweihten ermöglicht. (...) Mich lediglich mit dem Rhythmus ohne Widerstand verschmelzen."

Handelt es sich um eine im Laufe vergangener Leben erworbene Erfahrung, wie der Text es ahnen lässt, oder um einen Inhalt des kollektiven Unbewussten, der dieser Person im Moment zugänglich ist? Was für Béatrice daraus festzuhalten ist, ist die Einladung, die sie sich gibt, alle in ihr steckenden Ressourcen zu nützen.

Auch hier kann ich es nicht vermeiden, die Hypothese eines Seelenplans aufzustellen, der, wenn er mit der vorliegenden Situation in Harmonie gebracht wird, es dem Menschen erlaubt, den ihm bestimmten Weg zu gehen. Indem sie mit diesem Seelenplan Kontakt aufnimmt, kann sich Béatrice voll und ganz ihrer Malerei widmen.

Was hier vorgeht, ist eng mit dem Sinn verbunden, der das Leben bestimmt. Den Sinn zu finden, ermöglicht es, das mit bestimmten Umständen unserer Inkarnation verbundene Leiden zu transzendieren, gibt unserem Lebenselan neue Kraft und treibt uns an, in all unseren Unternehmungen unser Bestes zu geben.

Dieser Aspekt des Sinnes wird im nächsten Kapitel behandelt.

KAPITEL VIII

DIE DASEINSBERECHTIGUNG DES LEBENS FINDEN ODER WIEDERFINDEN

Sich von den Familienerinnerungen zu distanzieren, sich von seiner eigenen Vergangenheit, seinen Abhängigkeiten und seiner Zukunftsangst zu lösen, sein Bewusstseinsfeld zu erweitern, sollte es einem Menschen ermöglichen, seinen eigenen Weg zu finden.

Doch das genügt nicht immer, und ich habe festgestellt, wie wichtig es für viele Menschen ist, mit dem Sinn ihres Lebens in Kontakt zu treten. Unter Sinn verstehe ich die Daseinsberechtigung in ihrer tiefsten Akzeptanz, eine Art Antwort auf die existentielle Frage nach ihrer Anwesenheit auf Erden.

Der Sinn betrifft auch die schmerzhaften Erfahrungen, die das Leben uns aufzwingt. Dem Schmerz einen Sinn zu geben, egal ob er seelisch oder körperlich ist, ermöglicht es, ihn zu überwinden, ohne dass sich das Leiden einnistet.

Das Wiederfinden des Sinnes kann demjenigen, der von einem Teil seiner selbst abgeschnitten ist, einen neuen Schwung geben.

…

Eine alte Dame, die unter Alzheimer litt, ließ mich eine erstaunliche Erfahrung machen.

Als ich sie zum Schreiben in ihrem Altersheim aufsuchte, saß sie in ihrem Rollstuhl, den sie nicht mehr verließ. Sie weigerte sich seit mehr als einem Jahr zu gehen, obwohl ihre Beine sie noch tragen konnten.

Der von ihr getippte Text, von dem ich keine Kopie mehr habe, erwähnte ihr aktives Leben. Sie war Linguistikdozentin an der Universität und sprach sechs oder sieben Sprachen. Sie war von ihrer Arbeit sichtlich begeistert und was sie tippte, drehte sich ausschließlich um Betrachtungen über die Sprachen, Lautbilder und Begriffe. Ich erinnere mich nicht mehr an die Einzelheiten.

Ich las ihr den Text vor während sie ihn tippte und sie bekräftigte ihrerseits meine Lektüre mit Bemerkungen wie „Ach ja, das ist es genau, das ist genau das, was ich denke."

Dann erklärte sie, dass sie gehen wollte und fragte ihre Nichte, die anwesend war, ihr beim Aufstehen zu helfen. Und zum ersten Mal seit einem Jahr ging sie, gestützt von ihrer Nichte, durch den ganzen Aufenthaltsraum des Altersheims.

Was sie geschrieben hatte, hat sie gewissermaßen wieder „eingeschaltet" und die Verbindung zwischen Bewusstem und Unbewusstem wieder hergestellt. Es hat ihr auch gleichzeitig ihre Würde wiedergegeben und sie mit dem Sinn ihres vergangenen Lebens wieder verbunden.

Ich habe diese Dame niemals wiedergesehen, denn sie wohnte weit von meinem Arbeitsort entfernt. Ich weiß, dass sie inzwischen verstorben ist. Ich weiß auch, dass diese einzige Sitzung für sie von großer Bedeutung gewesen ist.

Über unsere Lieblingstätigkeiten hinaus, ergibt sich der Sinn natürlich über den Kontakt, der sich mit unserem eigentlichen Wesen wieder einstellt.

Dadurch, dass man durch das Stützen der Hand und den Inhalt des Textes mit seiner geistigen Abstammung in Kontakt gebracht wird, löst man meistens einen wesentlichen Wachstumsvektor, Träger eines wahrhaftigen Sinnes, aus. So waren diese Zeilen für Christine von großer Hilfe: *„Sanft mit meinem wahren Wesen Kontakt aufnehmen. Das Wahre liegt über dem Erscheinungsbild. Nichts kann das Unbeschreibliche und Unzertrennbare berühren oder beschädigen."*

Die Menschen, die mich aufsuchen stecken meistens in einer schwierigen Lebensphase.

Manche haben ihre gesamte Energie auf ihren sozialen und beruflichen Erfolg konzentriert und werden von heute auf morgen arbeitslos und all ihrer Bezugspunkte beraubt.

Frauen haben sich der Erziehung ihrer Kinder gewidmet und sind nach deren Auszug regelrecht verloren. Da sie sich niemals Zeit für sich selbst genommen haben, fühlen sie sich nutzlos, sobald sie aufhören müssen, sich um die Kinder zu kümmern. Auch wenn die meisten Frauen heutzutage einen Beruf ausüben, stellt sich dennoch bei diesen Müttern das Gefühl der Leere ein, es sei denn ihr Beruf interessiert sie in ausreichendem Maße, so dass er die nach dem Auszug ihrer Kinder freigewordene Energie kanalisiert.

Dann stellen sich manchmal unlösbare existentielle Fragen.

Sind Aufbau einer Familie und beruflicher Erfolg nicht mehr ausreichende oder ausreichend aufwertende Ziele?

Oder bringt die menschliche Entwicklung eine Verschiebung der Prioritäten mit sich?

Auch wenn die hier erwähnten Probleme Menschen reiferen Alters betreffen, so berührt die Frage nach dem Sinn des Lebens doch alle Altergruppen, und ich bin heute von der Reife der jungen Erwachsenen, denen ich begegne, überrascht. Die meisten von ihnen machen sich

Gedanken über die Existenzberechtigung ihres Lebens.

Diese existentiellen Fragen beschäftigen auch Kinder. So antwortete mir ein elfjähriger Junge, den ich fragte, warum er zu mir gekommen war: „Ich möchte wissen, was ich auf der Erde zu suchen habe." Er ist tatsächlich der Jüngste, der von Anfang an eine so grundlegende Frage aufwarf. Die in Tiefenkommunikation geschriebenen Texte enthalten diesbezüglich oft wertvolle Hinweise.

...

Manche Texte geben den durchlebten Schwierigkeiten Sinn, wie im schon erwähnten Fall von Patrick[32]: *„Ich habe diesen schweren Weg gewählt, um vergangenes Leben zu heilen und mich in der Anteilnahme, die Zorn und Hass transzendiert, zu verankern. Vorläufiger Sehverlust hat Transzendenz geholfen."*

In diesem Fall besteht eine Verbindung zum Erlebten im Mutterleib: *„Öde der Schwimme verschließt mir die Sicht. Recht zu leben ist bedroht. Blindheit des Kerlchens ist Überlebenslösung"* und eine vergangene Erinnerung: *„Gewalt des Volkes im Freudenrausch hatte mich in meiner Ganzheit getroffen. Blindheit also programmiert, um den unerträglichen Gewaltausbruch nicht zu sehen."*

---

[32] Siehe Seite....

Patrick war Träger einer Erinnerung an einen Angriff auf seine Integrität. Er erlebte dieses Ereignis im Mutterleib wieder. Der Kinderwunsch seiner Mutter war durch ihre Unfähigkeit, ihn wirklich willkommen zu heißen, beeinträchtigt.

Während in seinem Seelenplan das Ziel vorhanden ist, *Gewalt und Hass zu transzendieren*, inkarniert er sich in einem Kontext, der ihn von Anfang an mit einer Art von Gewalt konfrontiert. Er überlebt, behält jedoch eine Sehschwäche. Sein Körper schaltet sich auf ein altes Programm, dessen Offenbarung es im ermöglicht zu verstehen, was er zu lösen gekommen ist. Sie befreit ihn von dem alten Schema. In gewisser Weise bekommt sein Leiden einen Sinn, so dass er die schmerzhaften Erinnerungen loslassen und zu anderen Dingen übergehen kann.

Die gleichzeitige Hilfe eines Orthoptisten bewirkte eine allmähliche Besserung von Patricks Sehvermögen. Auf persönlichem Gebiet, traten für ihn große Veränderungen ein. Sein Werdegang führte ihn schließlich dahin, sich seinem eigentlichen geistigen Ziel zu widmen. Nachdem er in Ruhestand gegangen war, wandte er sich dem zu, was Bernard Montaud *die Aufgabe* nennt, das heißt „die Art meines Dienstes auf Erden, (…) da wo kein anderer an meiner Stelle wirken kann.[33]“

---

[33] Bernard MONTAUD, *César l'éclaireur*, Verlag Dervy, 1990

Der Sinn ist daher manchmal mit der Wahl der Berufstätigkeit, zu der wir uns berufen fühlen, verbunden. Die Freude, die sie uns bereitet ist ein untrügliches Zeichen dafür, dass wir auf dem richtigen Weg sind.

...

Corinne, eine Teilnehmerin an der Ausbildung in Tiefenkommunikation, erlebte eine Zeit des Zweifels in Bezug auf ihre Tätigkeit als Psychotherapeutin. Sie tippte mit meiner Stützung: *„Zarte Einheit in mir baut ihr Nest. Ich finde meine Potenziale wieder und Gerechtigkeit, die Steine meines Könnens zu legen. Begleitung ist ein großer Trumpf, Karodame gibt mir ihre Stütze. Begleitung des Menschen auf wahrhaftigem Weg. Jedem helfen, seinen richtigen Platz im Spiel des Lebens zu finden. (…) Mich an dem Anderen in seiner Wahrheit anschalten, Dame ist in mir und gibt mir die Drähte.“*

Eine der Schwierigkeiten Corinnes lag im Widerstand ihrer Umgebung gegenüber der Gestützten Tiefenkommunikation, die sie zu lernen angefangen hatte. Durch diese Sitzung gab sie sich die Antwort, die sie brauchte: *„Unterschiedliche Markierungen sind möglich, Die Nebenumstände meistern zu können erfolgt nach und nach. Lebenslinie führt mich zu meiner Erfüllung. Verwirklichung in der Hilfeleistung.“*

Dennoch darf man die Gestützte Tiefenkommunikation nicht als eine Technik betrachten, die Antworten auf alle aufgeworfenen Fragen ermöglicht.

Ziel der Stützung ist es, dem Menschen zu erlauben, seine Antworten selbst zu finden. Das Unbewusste ist weise genug, nicht systematisch die erbetenen Lösungen zu bringen.

Nur unter bestimmten Umständen leistet der Teil des Wesens, der sich in Gestützter Tiefenkommunikation ausdrückt, dem bewussten Teil des Menschen die erforderliche Hilfe.

Meistens wird die Person an sich selbst verwiesen, wie zum Beispiel in diesem Textauszug: *„Antworten im Herzen meines Herzens vorhanden. Inneren Platz des Schweigens einräumen und die Stimme des Herzens anhören.“*

Die Tiefenkommunikation bringt die Person mit ihrem „Wahrheitszentrum" in Kontakt. So setzen sich allmählich die Werte des Seins durch und ersetzen die Anforderungen des Habens.

Dennoch bringt mich die Begleitung sprachbehinderter Menschen sehr direkt mit einer ungewöhnlichen Ausdruckstiefe in Verbindung.

KAPITEL IX

DER AUSDRUCK DER TIEFEN

Die sprachbehinderten Menschen, die ich begleite, sind in vielerlei Hinsicht den Werten des Seins näher als die gesunden Menschen. Hinter den leidenden Körpern drückt sich die Seele aus, die Wahrheit des Wesens erscheint bloß und ohne Aufmachung.

Wenn körperliche Gebrechen eine Person daran hindern, die Werte des Habens zu entwickeln und sie der Vorteile und Freuden der Welt des Erscheinungsbildes berauben, entfaltet sich ein mächtiger und anspruchsvoller innerer Blick. Und wenn das Fehlen von Wörtern ein Hindernis im Aufbau des inneren Lebens ist, so ist letzteres dennoch reich. Der Zugang zu den Wörtern durch das Stützen der Hand zeugt von diesem Reichtum.

Das Innenleben wird oft auf symbolische, sehr bildhafte Weise dargestellt.

Muriel beschreibt ihr Leben als Autistin so: *„Ich kippe um und steige ein doppelspuriges Flussufer hinunter. Ich begrenze mein Überlebensterritorium und auf der anderen Seite führe ich ein anderes Leben. Ja, ich habe zwei Gesichter, ein* *verstecktes und eines, das ich der Umwelt zeige. Dasjenige, das ich der Umwelt zeige ist wie ein Zerrspiegel. Es ist verriegelt, es ist eine blasse Spiegelung dessen, was ich bin. Eigentlich ist es nur eine dünne Schale, die mich umgibt. Ich, ich bin darüber oder darunter, wie du es willst. Ich bin im Laderaum des Schiffes, und auf dem Deck, das bin nicht ich, das ist mein Gespenst. Ich schwimme und das Schiff schwankt und die Windstärke erhöht sich und ich klammere mich am Ufer fest. Ganz unten im Laderaum ist das andere Ich in Sicherheit und verbirgt sich, entsetzt über die Verrücktheit der Menschen. Das andere klammert sich fest und sucht seinen Platz. Bin ich dort oder hier? Die Antwort ist, dass ich überall und nirgends bin. Mutter plagt sich ab und hat alle Fäden in der Hand. Ich liebe sie. Mutter kämpft. Ich, ich bleibe da, wo man mich nicht sieht, da, wo man mich nicht anrührt. (…)*

Schmetterling bin ich,
Schmetterling, der das Leben überfliegt,
Eingeschlossen in seiner Puppe wartet er
Auf die Frühlingssonne.
Eingeschlossen im Laderaum meines Schiffes
warte ich auf das Erwachen
Meines Schicksals.
Ich kenne die Linie zwischen Leben und Tod nicht,
Ich weiß nicht, wo der Tod beginnt, der Leben ist.
Ich weiß nicht, wo das Leben beginnt, das Tod ist.
In mir lebe ich das Leben des Schmetterlings.
Außerhalb von mir lebe ich in meiner Puppe,
eingeschlossen

Wie die Raupe.
Ich bin außen tot und innen lebendig. "

Dieser Text Muriels weist auf das hin, was Geneviève François, Psychotherapeutin und Mutter eines autistischen Kindes in ihrem Buch *„L'autisme en questions"* (Autismus in Fragen) beschreibt: „Dem Autisten gelingt es nicht, auf die Welt zu kommen, seine Geburt kümmert ihn nicht, er fühlt sich nicht verantwortlich für das, was ihm bisher geschehen ist. Er hat einen Körper bekommen, einen Namen, zahlreiche Gaben, aber dennoch ist er keine Person. Es ist, als hätte er eine Menge Geschenke bekommen und will sie nicht anrühren. (…) Wenn er den Gedanken an seinen Tod akzeptieren kann, gibt er sich gleichzeitig das Recht zu existieren und der zu sein, der er ist. Zu leben wagen bedeutet, das Risiko des Sterbens auf sich zu nehmen.[34]"

Die extreme Empfindsamkeit der Menschen wie Muriel erzeugt großen Schmerz, der sich nicht ausdrücken kann. Die Anwendung der gestützten Geste schafft einen Raum, in dem diese Last abgelegt werden kann:

Ich plündere die Wörter aus, um zum Leben zu bringen was drinnen ist.
Und dann verlasse ich meine Puppe.
Meine Flügel sind zerbrechlich,
Ich muss auf sie achtgeben.
Ich möchte hoch und weit fliegen,

---

[34] Geneviève François, *L'autisme en questions*, Verlag Buchet/Chastel, 1997

Ich möchte springen wie ein Fisch, der zappelt.
Ich gehe im Schnee, ohne den Boden zu berühren.
Ich rutsche,
Glatte Oberfläche,
Die mich entkommen lässt,
Ich rutsche und werde Winterschmetterling
Und fliege fort
Oberflächlich."

...

Anne-Christine ist 50 Jahre alt, leidet an autistischen Beschwerden und spricht absolut nicht. Sie erwähnt so ihre Beziehung zur Sprache:

„Grenze von dir und von mir ist tief, dennoch finde ich die Grenze nicht und begrenze meine eigenen Umrisse nicht. Stummheit von mir kommt durch ungenaue Grenze. Die Nähe der Wörter begrenzt mein Sprechen. Die Wörter sind da und ich kann sie nicht sagen. Ich bin in der Einheit des großen Ganzen, ich fühle, ich weiß und Grenze in mir löst sich auf."

Anne-Christine muss alle Gegenstände in ihrem Umkreis berühren. Hierzu äußert sie sich folgendermaßen:

„Freiheit zu berühren, um mir die Welt anzueignen. Ich nehme alles wahr, alles, und es ist stärker als ich, ich kann nicht anders. (…) Ich sortiere das Sichtbare vom Unsichtbaren. Ich sehe

das Unsichtbare und berühren gibt mir Relief des Sichtbaren. Stummheit macht in meinem Kopf die Welt in seiner Gesamtheit gegenwärtig und Unterscheidung ist schwierig."

Die Gestützte Tiefenkommunikation hilft ihr: *„Löcher des Schweigens vergrößern sich in Lichtungen von Wörtern."*

Es besteht ein riesiger Widerspruch zwischen der Tiefe des Empfindens und des unter Stützen der Hand ausgedrückten Gedankens und dem Verhalten der meisten sprachbehinderten Menschen. Die Autisten drücken ihren Wunsch aus, im Mutterleib zu bleiben, nicht geboren zu werden. Da sie nicht in die Welt gekommen sind, können diese Menschen keine Prägung im Sozialleben hinterlassen. Durch das Stützen der Hand entsteht ein Kunstwerk, das die Möglichkeit eines Eintritts ins Leben ankündigt.

Aus dem Inhalt der Texte spricht im Filigran eine starke Liebeskraft heraus.

Alle erwähnen die Liebe, die tief in ihrem Inneren wohnt. Diese Liebe ist kompromisslos. Es handelt sich auf keinen Fall um sein süßliches Gefühl, das man mit Gefälligkeit verwechseln könnte.

Anne-Christine schreibt mit meiner Stützung: *„Schlimmer zu sprechen und falsche Wörter zu sagen als zu schweigen."* Und weiter unten: *„Das*

Leben ist ein Liebeshauch, der von Gottes Mund ausgesendet wird…"

Muriel schreibt mit meiner Hilfe: *„Wo ist die Liebe? Ich sehe sie in Mamas Herzen, ich sehe sie in deinem Herzen, ich sehe sie in den Augen deiner Katze. Ich sehe sie, wo man sie nicht immer sieht. Denn wenn sie sich mit Getöse zeigt, ist sie keine."*

Anne-Christine erwähnt die Liebe in ihrer geistlichen Dimension: *„Der Geist steigt zu den Menschen herab, um die Menschheit zu wahrer Liebe zu bringen. Christus ist wahre Liebe und empfängt die Menschen in ihrer Unvollkommenheit."*

Während ihr Vater das Böse erwähnt, antwortet Anne-Christine: *„Die Betrachtungsweise ist fehlerhaft. Ich will sagen, die Menschen sind unwissend, ich will sagen, sie kennen die einzige Wahrheit nicht, die Liebe ist, das Böse existiert an sich nicht, was Böse genannt wird ist Abwesenheit von Liebe."*

Die Liebe, von der hier die Rede ist, beginnt mit der Akzeptanz eines jeden in seiner Unterschiedlichkeit, ohne Erwartungen an ihn zu richten: *„Zuerst stumme Tochter akzeptieren. Gib der wunderbaren Kraft der Liebe ihren ganzen Platz und lass die Last der Erwartungen los, akzeptiere, dass Tochter ihren Vater auf dem Weg des Lebens unterweist."*

Margaux, ein achtjähriges Mädchen, das unter einem Rett-Syndrom[35] leidet, schreibt: *„Die Liebe durchläuft die Alleen der Zeit und verbindet uns in einem regenbogenfarbigen Lichtbündel."*

...

Ich bin häufig überrascht über den philosophischen Wert der Texte, die unter meiner Stützung von den jungen Behinderten getippt werden.

So schreibt Muriel, eine junge Frau libanesischer Abstammung, die unter autistischen Störungen leidet: *„Freiheit ist, jeden Augenblick ohne Angst vor dem nächsten Augenblick zu leben; Freiheit ist kein Wort, das in mir wohnt und doch bin ich in meinem Herzen, gut versteckt, freier als diejenigen, die den Erwartungen für den Ruhm der Welt entsprechen. Für mich gibt es weder Anfang noch Ende. Der Moment erwartet den nächsten Moment im unendlichen Ablauf der Zeit, die dahinfließt. Ich hänge zwischen zwei Momenten, hänge an den Lippen der Zeit. Ich träume davon, den Reigen der Zeit zu tanzen und zu singen, um im nächsten Moment wiedergeboren zu werden."*

Diese Freiheit wird von den Problemen, an welchen Muriel leidet beeinträchtigt. *Die Gestützte*

---

[35] Das Rett-Syndrom ist eine genetische Krankheit, die hauptsächlich Mädchen betrifft und sich in einer schweren und globalen Störung des zentralen Nervensystems ausdrückt.

Tiefenkommunikation bricht eine Lücke in das Gefängnis des Autismus: „Das Pony hält die Zügel für sein Gefängnis. Mein Gefängnis ist mein inneres Schloss und ich ersticke, weil ich den Ausgang nicht finden kann. Die Wörter erwärmen mich, trösten mich und beruhigen mich. Sie sind mein Befreier."

Muriel drückt häufig ihr Innenleben in Form von Gedichten aus. Sie wurde 1975 im Libanon geboren, als der Krieg bereits viel Schaden anrichtete.

Ihre Schriften zeugen von einer Sinnsuche, die vom Trauma des Krieges geprägt ist:

„Zerbrechliches Kind der Nacht,
Ich wurde am Abend eines verfluchten Tages geboren.
Sanfte Mama hat meine ersten Tränen nicht gewiegt
Sie schwimmt zwischen den Schneiden
Der Lebensströme.
Ich schwimme von einem Herzen zum anderen
Auf der Suche nach dem Sinn.
Frei vom Reiz der Sinne
Reite ich auf dem Lebensstrom,
In Gegenrichtung…
Sag den Kriegskranken, dass sie den Frieden wählen sollen.
Frieden erhört, vergessen,
Frieden, der Tochter des Lebens ist."

Die Suche nach Sinn scheint mir bei den sprachbehinderten Menschen übertrieben zu sein, so als hätte ihre Schwierigkeit, mit der Umwelt zu kommunizieren, eine besondere Funktionsweise und Empfänglichkeit zur Folge.

Muriel erwähnt ihren sehr eigenartigen Zugang zu den *„Schicksalsfäden"*: *„Im Grunde juble ich, diejenige zu sein, die weiß, was sich hinter den Schicksalsfäden abspielt. Reihe die Wörter aneinander, um meinen Unterschied zu sagen. Ich kenne die Dinge über die Zeit hinaus und zeichne einen Weg, um gestern und heute zu begrenzen. Weißt du, dass ich außerhalb der Zeit lebe? Ich bin ein Schwamm, der in seinen Dellen und Beulen alle vom Schicksalsfaden miteinander verbundenen Umwege aufnimmt. Zwischen den Zeilen spinnen und im Schnee die Spuren der Skilangläufer sich abzeichnen sehen."*

Ich verstehe nicht immer, was Muriel sagen will. Als ich ihr das mitteile, antwortet sie mir: *„Suche nicht zu verstehen. Ich spreche von der Welt des Inneren. Diese Welt, die man nicht mit den Augen sehen kann und die der Augengrund in Transparenz kennt. Das Negativ des Lebensfotos. Kopfzerbrechen, um eine Bezeichnung für das Unnennbare zu finden, denn was ich spüre, kann ich nicht anders sagen. Zeitlinie finden, zwischen den Wörtern laufen und das auswählen, was auf dem Band herauskommt."*

Anne-Christine, die seit ihrem Alter von drei Jahren nicht mehr spricht, schreibt während einer ihrer ersten Sitzungen: *„Geheimnis des Lebens lässt mir keine Ruhe, Geheimnis des Lebens und nahe bin ich dem Geheimnis des Lebens. Sieh, wie sehr sich die Menschen irren und verzetteln."*

Geistliche Betrachtungen drücken sich wiederholt bei zahlreichen stummen Patienten aus. Die kulturelle und religiöse Umgebung färbt ihre Schriften unterschiedlich.

Muriel, die keinerlei religiöse Erziehung genossen hat, tippt: *„Ich sehe mehrere Kapitel, die von einer Lebensmauer getrennt sind."* Auf meine Frage, was eine Lebensmauer ist, antwortet sie: *„Die Lebensmauer, das ist, wenn man von einer Ebene auf eine andere übergeht, um ein anderes Lebensgedächtnis zu kontaktieren. Ich lehre dich Metaphysik. Ich mache dir verständlich, wie die Welten funktionieren, die in der Welt sind. Ich überlebe dank meiner Vision der im Herzen Gottes versammelten Welten."*

Muriels Mutter bemerkt, dass das Wort Gott nicht in der Familie benützt wird. Muriel hat es in meinem eigenen Wortschatz gesucht, zweifellos in dem ihr zur Verfügung gestellten Vokabular. Dieses Wort erlaubt es ihr am besten, wiederzugeben, was sie ausdrücken will.

Anne-Christine wächst in einer christlichen Familie auf. Kürzlich hat sie mit mir getippt: *„Papa,*

Lichtstrahl bist du. Mensch mit tiefem Glauben bist du und ich, ich liebe dich, Glaube genügt. Gott beschützt dich, Christus in unseren Herzen, um die Welten zu vereinen. Christus lebt in den Herzen, das Herz hat den Schlüssel. Sich ins Herz begeben, das die Anwesenheit Christus' enthält, das ist einfach."

Und, mit einem Lächeln im Gesicht, fügt sie hinzu: *„Der Pfarrer wird sich freuen."*

Im Laufe derselben Sitzung erklärt Anne-Christine ihr Verständnis der Erlösung genauer: *„Gott hat die Menschen nach seinem Bild geschaffen und der Kopf hat die Menschen getrennt. Menschen und Gott vereinen erfolgt im Herzen, das ist die Erlösung. Christus und Mensch in mir vereinen."*

Alain spricht, doch braucht seine Hand Stützung, um die Kraft seiner Gedanken auszudrücken: *„Verschmutzt ist der Weg zu Gott, ich gehöre zu den Fegern, Humor ermöglicht es, den Blick zu ändern: mit dem Kopf unten, die Stolzen sind beschämt und die Beschämten sind stolz. Drückender Siegeswunsch erdrückt den Menschen."*

Die Texte der von mir begleiteten Menschen haben alle ihre eigene Klangfarbe und spiegeln die Persönlichkeit dessen, der sich durch mich ausdrückt, wider.

Die orientalische Herkunft Muriels erscheint in diesem Gedicht:

„Liebesgarten schmückt meine Seele,
Rosengarten füllt mein Herz mit Liebe.
Ich wurde in einem Dornengarten geboren
Und die Rosen hatten ihre Blüten vergessen
Schmücke mein Bett mit Rosen ohne Dornen
Damit ich vor Konflikten geschützt leben kann.
Ich bin auf die Erde gekommen, um eine Friedensmission auszuführen.
Ich führe sie durch mein schmerzhaftes Dasein aus.
Freude in mir, wenn die Rosen ihre Dornen verlieren,
Schmerzhafte,
Mein Großvater war im Krieg
Und die Toten wurden nicht beerdigt
Ich fabuliere nicht, ich kenne die Wahrheit.
In meinem Zuhause leiden die Wesen
Unter den Kriegen, die nicht verhindert werden konnten.
Und in den Herzen herrscht Krieg.
Unerträgliche Gewalt,
Gewalt zerkratzt mir das Herz.
Die Gewalt, das sind die Dornen der Rosen.
Die Blüten sind vergangen, es bleiben nur die Dornen,
Damit sich die Herzen entfalten,
Geschützt vor den Winden,
Geschützt vor den Artilleriefeuern der Menschen.“

...

Florence ist ein sehr zurückhaltendes, leicht beeindruckbares Mädchen, doch ihre Präsenz und ihre Schriften enthüllen eine ganz besondere Kraft, Entschlossenheit und viel Fantasie.

An ihren Bruder, der voll und ganz in seinen Studien steckt, schreibt sie:

„Kürzester Weg zwischen zwei Punkten ist das Komma.
Das antworte ich meinem Bruder, wenn er zu viele Fragen stellt.
Er will das Warum der Dinge kennen und mir genügt das Wie.
Wie entfaltet sich die Rose im Garten unter ihren Blütenblättern,
Wie begleitet das Eichhörnchen sein Junges in sein Bett.
Wie treffen sich Sonne und Mond heimlich…"

Um ihre Emotionen auszudrücken, verwendet Florence ungewöhnliche Metaphern:

„Ich webe mit dir einen Stoff von Wörtern, der mich mit einem versteckten Teil von mir in Kontakt bringt. Wie ein Eichhörnchen, das seine Freiheit außerhalb seines Käfigs wiederfindet.

Wunsch, mehr Platz einzunehmen kommt von mir. Ich sage dir, ich wage es, mich etwas mehr zu behaupten und ich wage es, noch nicht versuchte Dinge zu tun.

(…) Schrecken stellt sich sogleich ein und ich kann es nicht. Schrecken so stark, dass alles in mir zerbricht. Dann bin ich wie eine Porzellanpuppe, in tausend Stücke zerbrochen.

Durst, etwas anderes zu realisieren.

Ich krieche aus meiner Schale wie ein kleiner Vogel, wie der Vogel aus meinem Gedicht.

*Der Vogel fliegt ab und bleibt hinten dran,
Der Vogel ist der letzte aus der Brut.
Warm ist das Nest, um sich hinein zu schmiegen
Und der Vogel kehrt um.
Sich im Stroh zu verstecken
Ich bin dieser Vogel
Ganz warm
Der seine Flügel einfaltet.
Bläst der Wind über den Abgrund
Läuft der Hase in den Erdbeeren
Und ich, schön in meine verborgene Sprache eingebettet.
Ich bleibe nahe am Weg und belausche die Nachtigall. (…)
Die Nachtigall singt die Liebe des Vogels zu seiner Brut.
Ich bin die Mutter des Vogelbabys
Und ich bin der ganz kleine, der seine Flügel einfaltet.
Der Lärm der Sirenen schreckt mich auf,
Ich bedaure die Zeit der Freiheit,
Als der Vogel so klein war,*

Dass der Kokon, ganz aus Daunen
Mich beschützte
Ich erinnere mich an den schön warmen Bauch
und das sanfte Leben
Versteckt im Meer Träger der Ewigkeit."

Nach ihrer Rückkehr aus den Ferien, die sie mit ihren Eltern in Kenia verbracht hatte, schreibt Florence begeistert:

„Ich zeichne eine neue Strecke für mein Leben,
Es ist eine Strecke, die ohne irgendeine Grenze
nach Morgen geht.
Wie ganz nahe an der Wüste,
Da wo die Löwen im Konzert brüllen
Um die Antilopen zu erschrecken.
Fries aus vereinzelten Gräsern
Bleibt Überlebensgrenze für die Gazelle.
Versuche nicht zu verstehen, denn ich spiele und
es ist wahnsinnig
Die Wörter aneinander zu reihen.
Rot ist meine Lieblingsfarbe geworden."

...

Meine Stützung hilft Alain, einem 39-jährigen Erwachsenen, der an Trisomie 21 leidet, die ganze Feinheit seines Empfindens auszudrücken. Der Humor, der ihn auszeichnet, fehlt nie in seinen Texten. Er spricht von seiner Schwester, die ihn begleitet:

„Nur ihr Gold an meine Schwester zurückgeben, ich sage: sie ist Gold wert, aber ich will sie nicht verkaufen. Das goldene Kalb, das ist das menschliche Übel. Das goldene Kalb anzubeten ist wie Silbervögel einfangen, es ist das Geld, das Probleme bereitet."

Im Laufe einer früheren Sitzung erklärt er:

„Humor ist nicht zum fliehen da, er ist die hinter dem Lachen gesagte Wahrheit."

Sein Humor ist sein ganzes Kapital:

„Ulk, um mich an fröstelndes Leben zu klammern, ich verulke das Leben. Ich mache Ulk mit dem Kopf und fülle das Leben wie ein Weihnachtshuhn."

Alain hat uns im Mai verlassen. Ich habe ihn einige Tage vor seinem Tod besucht, als er wegen Atemnot ins Krankenhaus eingeliefert wurde. Sogar unter diesen schmerzhaften Umständen, gelang es ihm, seinen Humor zu bewahren.

Hier Auszüge aus seinem letzten Text:

„Große Qual sagen, ich zittere, Vergangenheit kommt hoch und ich will Bezugspunkte. Dem Güterzug folgen ist zu schwer, das heißt durchgeschüttelt werden, das ist ein Plädoyer. Ich will, dass man in Wahrheit mit mir spricht. Wo ist die Wahrheit? (…)

Ich möchte lachen und das ist so schwer. Mich anerkennen als Wissender (…) habe es satt, das Hotel zu wechseln (…)

Was wird man mit mir machen? Mir Vertrauen geben, brauche Beruhigung. Ich möchte sagen, dass ich völlig intelligent bin. Ich bin Kämpfer, wenn ich etwas wie Anwesenheiten spüre. Ich sage, das ist wie ein Traum, wie eine Angst im Dunkeln. Ich möchte anderswo sein. Es ist Furcht vor der Nacht. Es ist wirklich hart, hier Gefangener zu sein. Freude am Schreiben sagen, Lebensfaden, der zurückkommt. Ulk sagen, mich hier wie einen Hund zwischen Mauern festzuhalten, der Hund bellt und springt aus dem Fenster.

(…) Ich weiß ohne Worte.

Ich bin eine Geschichte ohne Worte.

Ich mache schnipp und tut und trallala. Ich möchte so gerne ein bisschen lachen. Einen Witz, um mich zum Lachen zu bringen."

Alain braucht es, dass man sein Verstandesvermögen anerkennt:

„René versteht mich, er ist launischer Honigmann und es ist prachtvoll, als Wissender gesehen zu werden. Freude groß, mir zerstreuende Treffpunkte zu ermöglichen, endlich lache ich

mich aus. Hut aufsetzen und mich als Athlet verkleiden, der einen Boxkampf gewinnt (Während Alain diese Worte schreibt, bricht er in Lachen aus und kann nicht mehr aufhören).

Wünschen wegzugehen und mich zu amüsieren, so.

Ich will in meiner ganzen Größe gesehen werden. Du schränkst meine Verwirrung ein, du siehst in mir. Als Prophet sage ich dir, das Chaos wird besiegt werden, ich bin auf gutem Wege. Ich springe über die Zeitlinien und ich sehe morgen. (…) Ich springe über ein Feld und gewinne. Ruhm, ich will das Spiel gewinnen."

Während einer früheren Sitzung hatte er den Wunsch ausgedrückt in Gestützter Tiefenkommunikation mithilfe einer seiner Schwestern, die eine Ausbildung in dieser Technik begonnen hatte, ein Buch zu schreiben:

„Ich möchte gerne ein Buch schreiben mit meiner Schwester, später. Man muss das falsche Urteil der sogenannten normalen Menschen anprangern. Sie verwechseln alles, das Herz und den Kopf. Ich sage, dass der Kopf irreführt."

Die Gestützte Tiefenkommunikation ermöglicht es ihm, seiner Wahrnehmung Sinn zu geben, das was er weiß, in Worte zu kleiden:

„Ich schreibe gerne Kilometer von abgekürzten Wörtern, um einen Faden im Sinn der Existenz zu finden. (…) Ich bin ein Leitfaden, den ich allein verstehe. Das ist mein kleines Geheimnis, um ein unerwartetes Eindringen in mein Privatleben zu vermeiden."

Er hat immer auf dramatische und humorvolle Weise ein großes Streben nach Echtheit ausgedrückt:

„Hoffnung hebt den Schleier der Lüge. Befreie die Erde von den Lügnern und es bleibt niemand übrig. Massive Vernichtung wird die Welt befreien, Ulk lässt die Blutvergiftung explodieren. Blutvergiftung, das ist die Lüge. Befreie mich von der Angst, Geisel der virtuellen Welt zu sein. Virtuelle Welt, das ist die Lüge."

Und auch: *„Wirklich das Leben der legensbeschränkten Menschen schreiben. (…) Durst, Durst nach Wahrheit. Halbdunkel verhüllt die Wahrheit. Nur das Herz des von den Wörtern Abgeschnittenen kennt die Wahrheit. Ich will die Richtung der Wörter umkehren, damit sie Wahrheit werden."*

Er kam nicht dazu, sein Buch zu schreiben. Vielleicht sah er in dieser Möglichkeit einen Weg zu seinem Traum nach Selbständigkeit und ein Mittel, die Anerkennung, die er so nötig hatte, zu bekommen:

„Ich sage, Papa kippt um, wenn ich ein Mittel finde, Geld zu verdienen, zu schreiben und zu veröffentlichen, dann ist die Forelle im Korb."

Es war ihm wichtig, von seinen Erfahrungen und seinem Verständnis zu berichten: *„Die Wesen wie mich in ihrer Lichtwahrheit sehen. (…) Ich wähle, anders zu leben, ich wähle, Zeugnis abzulegen."*

Zeugnis ablegen, um zu erklären, wie viel Reichtum und Weisheit die Behinderten, *„die lebensbeschränkten Menschen"* in sich tragen und meistens unerkannt bleiben.

Alain hat mir viel gebracht durch die Tiefe seiner Aussagen und seinen beißenden Humor, der völlig unerwartet ausbrach.

Seine Liebe zu seinen Angehörigen hat sich immer in seinen Texten gezeigt. In seinem vorletzten Schreiben, in Anwesenheit seiner Schwester, als er schon im Krankenhaus lag, sagt er:

„Mein Leben schwingt zwischen zwei Ufern. Ich bitte Mama um Verzeihung, ihr Kind zu sein, das dem Anschein trügt. Das muss gesagt werden. Ich habe mir selbst versprochen, Mama zur Welt der Wahrheit und nicht des Anscheins zu ziehen. Darum habe ich einen Körper gewählt, der es mit dem Erscheinungsbild nicht aufnehmen kann. In Wahrheit große Herausforderung.

Und im Grunde bin ich der Betrachter, der Nichtsnutz, der die Fäden zieht. Was tun? Ich brauche Zärtlichkeit, ich brauche Trost. Ich bummle in diesem Elendsbett und irre herum auf der Suche nach Anerkennung. Im Grunde liebt mich Mama tief, nur ein Teil von ihr irrt im Wirrwarr der Leben herum. Von meinem Hochsitz aus sehe ich die Herzen mit Liebe gefüllt.

Hilf mir, über meine Verzweiflung zu lachen, ohne Lachen bin ich kaputt. Man muss den Faden finden, der den Türpflock aufzieht und der Dübel wird fallen. Der Faden gibt mir die Chance, den richtigen Weg zu erkennen. Ich liebe euch."

Und an seine Schwester gewandt mit diesem, ihm eigenen Humor:

„Mein Leben besteht darin, die Herzen wachsen zu lassen, und mit dir, kleine Schwester, ist es mir gelungen. Es war groß und es ist so riesig, dass eine Henne ihre Küken darin verlieren könnte. (…)"

Im Laufe einer seiner allerersten Sitzungen schrieb Alain:

„Ich bin als Kundschafter auf diesen Planeten gekommen, um ihm seinen Liebestrank zu bringen."

Er hat diese Liebesnachricht hinterlassen, wie eine leuchtende Spur, die für immer im Herzen derer, die ihn begleitet haben, eingeprägt bleibt.

Die Begleitung in Tiefenkommunikation von sprachbehinderten oder wenig kommunizierenden Menschen mindert das Handicap nicht. Sie öffnet einen Ausdrucksraum, solange die Kommunikationssitzungen andauern und bringt ein Gefühl der Besserung. Ich gebe dem Schreibenden auch sein emotionales Erleben wieder, was dazu beiträgt, ihn seiner eigenen Person bewusst zu machen und gleichzeitig von einer zu schwer gewordenen Last zu befreien.

Die getippten Texte zeugen, von Seiten ihrer Autoren, von einem großen Verständnis und einer feinen Wahrnehmung dessen, was sich um sie herum abspielt. Das verändert die Sichtweise ihrer Umgebung enorm und führt zu einem Gefühl der Besserung.

Muriel spricht folgendermaßen von ihrer Erfahrung:

„Autismus ist nicht Unverstand, sondern ein so großer Verstand, das die Welt ihres Sinnes beraubt erscheint (…) Bin zwischen zwei Welten, weiß nicht immer, wo ich bin. Als Mittler zwischen den Welten scheine ich abwesend zu sein, doch bin ich anwesender als man glaubt."

Der Text gibt wertvolle Informationen über das, was im Inneren gelebt wird und erlaubt es den Angehörigen, ihr Verhalten entsprechend zu ändern.

Gleichzeitig ist es wichtig, sich nicht allzu sehr an die in der Tiefenkommunikation auftauchenden Aussagen zu klammern. Gilbert Pierre beschreibt diese Schwierigkeit sehr genau in seinem Buch: *Un chemin de langage dans le lacis de l'autisme* (Ein Weg der Sprache in den Mäandern des Autismus):

„Man sollte die zu sehr aufwühlenden Aussagen Anne-Christines nicht völlig wörtlich nehmen – ebenso wie die Gestützte Tiefenkommunikation aufwühlend ist, aber in einem anderen Sinn: nicht so sehr, weil sie ein Schreiben zu zweit ist – dem „Stützer" bleiben die schmerzhaften Kümmernisse der Patientin unbekannt – sondern vor allem weil diese keinerlei soziale Schranken kennt, fast ohne eigenes Wissen und bis zur Gewalttätigkeit ihnen gegenüber ihre lange schweigend herangereiften Ängste, beziehungsweise Phantasiebilder liefert. Daher rührt zweifellos die oft poetische Sprache der Autisten: der von weit her gekommene Gedanke erfindet erstaunliche Beziehungen, Bilder, überflutet die sich noch wehrenden Wörter.[36]"

---

[36] Gilbert Pierre, *Un Chemin de langage ans le lacis de l'autisme*, L'Harmattan, 2007

Ich habe festgestellt, was für ungewöhnliche Wahrnehmungsfähigkeiten die Menschen, die nicht sprachlich kommunizieren können, entwickeln. Sie leben im Einklang mit ihrer Umgebung. Die Umgebung ist sich dessen nicht immer bewusst und versucht den Nichtsprechenden zu schützen, indem sie die auftauchenden Emotionen verdrängt, wobei es angebrachter wäre das, was sowieso wahrgenommen wird, in Worte zu fassen.

Wenn man die Empfänglichkeit der behinderten Menschen kennt, kann man einen echten Austausch in die Wege leiten.

Was die Begleitung betrifft, so ist es wichtig, den Angehörigen der sprachbehinderten Menschen zu helfen, ihre Schuldgefühle loszulassen, welche sie quälen, sobald sie ihre Fehler erkennen. Jeder tut sein Bestes in Bezug auf das, was er weiß oder noch nicht weiß und gemäß seiner eigenen zu meisternden Affekte. Die Eltern behinderter Kinder müssen einen schweren Weg gehen und müssen mit ihrem eigenen Leiden fertig werden. Und wie Alain sagt:

„Man darf nicht Gelegenheit zu Schuldgefühlen bei Menschen aus der Familie geben."

Die Gestützte Tiefenkommunikation zeigt, dass hinter der leidenden Persönlichkeit, ein völlig intaktes Wesen steckt, egal an welcher Behinderung sie leidet.

Die Tiefe des dem getippten Text zugrunde liegenden Verständnisses wirft die Frage auf: Steckt ein Seelenplan hinter dem Handicap?

Die meisten Behinderten bringen uns voran, sie zwingen uns, die Welt unter einem anderen Blickwinkel zu sehen. Sie sind *„Kinder, die dem Anschein trügen"*, um uns zu zeigen, dass *„das Wesentliche für die Augen unsichtbar ist"* und der Erde *„ihren Liebestrank"* zu bringen.

Die Hand, Bote des Herzens

Kapitel X

Juliette, der Sinn eines Lebens

Die Begleitung von Juliette hat meine Arbeit tief geprägt. Ich musste mich ununterbrochen selbst in Frage stellen, um Juliette zu erlauben, das, was sie auf dem Herzen hatte, auszudrücken.

Mit dem Einverständnis ihrer Eltern, habe ich beschlossen, ihr ein Kapitel dieses Buches zu widmen als Anerkennung für das, was sie mir gegeben hat, aber auch, weil der Inhalt ihrer Schriften es möglich macht, das Leben mit anderen Augen zu betrachten.

Als ich Juliette zum ersten Mal traf, saß sie in einem Stützkorsett, das sie vollkommen festhielt, da sie unfähig war, sich selbst zu halten. Juliette hatte sich bis zum Alter von fünf Jahren normal entwickelt. Dann hat sich nach und nach ihre Muskelkraft abgeschwächt. Sie trat wie alle anderen Kinder in die erste Grundschulklasse ein, hatte jedoch immer größere Schwierigkeiten, zu gehen. Die Ärzte haben eine peroxisomale Störung diagnostiziert, eine degenerative Krankheit, die sich auf das Myelin auswirkt. Sie beeinträchtigt nach und nach die gesamte Bewegungsfähigkeit und greift das Seh-, Hör- und Sprechvermögen an.

Nach einem äußerst schmerzhaften Verlauf für die ganze Familie, beschlossen ihre Eltern, aufzuhören zu arbeiten, um sich ganz der Pflege ihrer ältesten Tochter zu widmen. Sie organisierten zuhause ein Hilfsprogramm und mehrere Vertreter der Ärzteschaft und Heilberufe, lösten sich bei Juliette ab.

Juliette ist am 7. Oktober 2004 „im Himmel geboren worden"[37]. Sie sollte am 11. November elf Jahre alt werden.

Die erste Sitzung in Gestützter Tiefenkommunikation fand im September 2001 statt. Ich war von Anfang an von der inneren Stärke überrascht, die von diesem Kind mit seinem so zerbrechlichen Körper ausging.

An diesem Tag drückte sie ihre äußerst starke Empfänglichkeit aus.

„Den Schmerz meiner Eltern, ich kenne ihn und möchte ihn lindern. Mein Herz ist ganz warm. Seid nicht traurig, denn im Inneren scheint ein Licht für Euch. Ich bin euer kleines Licht.

Auch musste es gesagt werden, alles ist so schön, anders gesehen. (…) Ich sage, reagiert mit Höhe, wie ein Vogel, ich bin ein Vogel. Ich sehe von

---

[37] Um vom körperlichen Tod zu sprechen, verwende ich hier den in meiner Anwesenheit von einer orthodoxen Freundin ausgesprochenen Ausdruck. Er scheint mir bestens zu Juliettes Lebensweg zu passen.

oben herab, das Alltägliche kann mich langweilen."

Denise, die Akupunkturärztin, die sich zu dieser Zeit um Juliette kümmerte, war anwesend und wollte Fragen stellen über das, was Juliette in ihrem Körper erlebte. Es gab einige Antworten, doch war dies in meiner Gegenwart immer ein schwieriges Thema. Juliette antwortete ungern. Die Stützung der Hand war für sie eine Möglichkeit, über wesentliche Dinge zu sprechen und die konkreten und alltäglichen Themen schienen sie zu langweilen. Die in Gestützter Tiefenkommunikation gegebenen Informationen werden von der ihnen innewohnenden emotionalen Last getragen. Juliette hat immer widerwillig über ihren Körper gesprochen, der ihr soviel Schmerz und Frustration bescherte. Sie zog es bei weitem vor, ihr Innenleben darzulegen.

Über ihren Körper sagte sie während der ersten Sitzung; *„Das Beste mit ihm machen, gestern hat er mich verraten.*" Sie erwähnte auch ihre Schwierigkeit, Flüssigkeiten zu schlucken.

Während der nächsten Sitzung antwortete sie auf die Frage nach ihrem Blick mit ihrer Müdigkeit:

„Müdigkeit drückt meine Augen nach unten und neue Spannungen wecken sie auf. Manchmal sehe ich auch mit dem inneren Auge."

Für Denise hatte diese Augenmüdigkeit einen besonderen Sinn, denn in der chinesischen Medizin wird das Erschlaffen der Augenlider als typisches Zeichen für einen Zusammenbruch der Milz angesehen.

Im Laufe der ersten Sitzungen sprach Juliette viel von ihrer feinen Wahrnehmung, ihrer Fähigkeit zu fühlen, was die Leute, die sie besuchten, erlebten.

„Ich spüre, was den anderen bewegt, das kann stören. Aber was tun? Was tun, wenn sie für mich kommen?

Das Beste ist zu erklären, dass Schweigen auch hilft. Zu viele Wörter machen müde. All dieser Lärm für nichts. Der Mensch ist manchmal so dumm, er weiß wohl nicht, dass alles innen ist. Lebensblume wird mit Schweigen gegossen. Innere Rose ernährt sich von Licht, helfen wir dem Wachstum nicht durch unnütze Worte."

Über ihr Leben schreibt Juliette als Antwort auf eine Frage ihrer Mutter:

„Ihr seid die Wahl meiner Seele, ihr müsst es wissen, denn mein Herz singt für euch… und das erfüllt mich." Und später: *„Ändert eure Ansichten über das Leben, Krankheit war meine Wahl, um zu heilen, auch mich, meinen Weg zu läutern. Läutern ist nicht ganz richtig, ebnen, verstehen, erhellen. Erhellen, um mich dem wahren Licht zu nähern."*

Aber später sagt sie auch:

„Ich wünsche mir sehnlich gesund zu werden, um zu zeigen, wo die Schönheit ist und die Ungerechtigkeiten, die ich mir auferlegt habe, zu verdauen. (…) Lasst mich nicht von der Nichtigkeit des kranken Lebens verschlungen werden."

Und während einer weiteren Sitzung:

„Schmerzen des Körpers sind erträglich, wenn der Sinn darin liegt. Mein Körper wird mein Freund. Ich möchte ihn um Verzeihung bitten, geglaubt zu haben, er nütze nichts. Heute habe ich meine Meinung geändert. Ich nenne Lebenskraft, was ich in mir aufsteigen fühle."

Juliette lächelte immerzu während sie das schrieb. An diesem Tag, brachte sie zum Ausdruck wie wichtig ihr der Frieden war, dieser Frieden, der zum Sinn gehörte, den sie so sehr brauchte:

„Konflikt ist mir unerträglich. Frieden ist Balsam für mein Herz. Ich nenne Streit, der nichts nützt. Hier Frieden schließen ermöglicht Weltfrieden. Ich bin gekommen, um Frieden zu bringen. Er stellt sich ein und das gibt meinem Leben Sinn. Über die Irrwege nachdenken ermöglicht Öffnung für Neues. Der Irrweg ist Ausgangstür, wenn man die Sicht ändert. So erhält mein Leben seinen ganzen Sinn. Danke, dass ihr meine Eltern seid, die ich liebe. (…) Kind des Friedens zu sein ist enorme

Erleichterung. Ich sehe die Welt in euch sich verändern, Frieden kehrt in mich ein. Vergesst nicht, dass ich so viele Dinge erkenne. Der Frieden des Herzens ist meine wahre Stütze, ohne ihn bin ich hilflos. Denn wie soll ich sagen, dass ich wahrnehme, was euch gar nicht bewusst ist. Ich bin der Enthüller eurer eigenen Widersprüche."

Nachdem sie ihre Liebe zu ihren Eltern und ihrer kleinen Schwester ausgedrückt hatte, schrieb Juliette:

„Großer Höhenflug ergreift mich. Ich verstehe, dass die Liebe auf Erden überwältigend sein und alle Grenzen, die man sagen kann, überwinden kann. Wirklich zu lieben wagen ist der Sinn meines Lebens."

Über ihre Angst: *„Angst lähmt, schlechte Beraterin, ich lasse sie fallen. (…) Sie ändern wird zu Liebe. Ich erkenne unter der Angst versteckte Wahrheit. Also zwänge ich mich durch die Passage, die dieser Spalt geöffnet hat.*"

Als Antwort auf die Frage: *„Heißt das, dass du denkst, deine Angst beherrschen zu können?*" antwortet Juliette: *„Beherrschen ist nicht richtig, bezähmen, bezähmen und damit auskommen. (…) Wir sind Kinder der Liebe, Angst ist ein Irrweg, ihn zu verlassen ermöglicht wahres Leben.*"

In Bezug auf ihren Körper sagt sie auch: *„Ich möchte, dass es ihm besser geht, dass er mein Freund wird. Ich fühle die Möglichkeit, ihn zu bezähmen wie die Angst. Sie sind zu verändern."*

Juliette drückt sich gern in Versen aus. Sehr bald schon, als sie erst 8 Jahre alt ist, schreibt sie mit Stützung der Hand:

„Wartet darauf, den Sternenhimmel meiner Nächte zu durchschweifen,
Wagt es, den Glanz eurer Himmel zu betrachten,
Und ihr füllt den Mangel meiner Tage aus.
Schaut das Feuer meiner Augen an,
Wartet auf den Winter meiner Nächte,
Und ohne Ende sage ich euch meine Liebe.
Seid ohne Furcht,
Schließt die Kälte in euren vergangenen Wintern ein,
Vergrabt meine Ängste in euren Festkleidern,
Lasst meine Lust an trunkener Freude auferstehen
Gebt meinen in meinem Herzen verankerten Hoffnungen zu essen,
und ich werde meine Liebe für euch singen."

Im Laufe der Sitzungen, achtet Juliette immer besser auf die Tastatur. Sie ist sehr neugierig, dürstet regelrecht nach Lernen und nimmt immer aktiver am Tippen teil, trotz ihrer großen Schwierigkeiten eine bewusste Bewegung auszuführen.

Sie drückt damit ihre Freude am Schreiben aus: *„Ich weiß schon sehr viel und erkenne die Wörter, immer mehr Wörter. Ich arbeite gerne in meinem Kopf und ersinne Gedichte über singendes Leben:*

Die Wörter fließen, klarer Wasserfall.
Die Wörter kommen aus meinem Herzen,
Um in deines zu gehen, Mama.
Die Wörter sind ein Lebensband in meinem Kinderherzen.
Ich gebe den Wörtern recht, die mich wieder leben lassen.
(…) Freude des Himmels in meinem Kopf,
Freude der Wörter, die schimmern.
Sterne meiner Seele.“

Die Gestützte Tiefenkommunikation gibt Juliette auch Gelegenheit, die Emotionen auszudrücken, die sie überhäufen. Aber mit Stützung der Hand, geht es nicht immer schnell genug, um die vorhandene emotionale Last rasch abzubauen. Heute ist Juliette daher sehr zornig und stößt Schreie beim Schreiben aus. Ich spüre, dass etwas nicht in Ordnung ist, dass Juliette schneller vorankommen will. Da lasse ich ihre Hand los, was mir erlaubt, schneller zu schreiben. Es ist das erste Mal, dass ich eine solche Initiative ergreife und ich fühle mich nicht ganz wohl dabei. Diane, Juliettes Mutter, notiert, was während der Sitzungen vorfällt, und ich bitte sie, den folgenden Text in Klammern zu setzen. Hier folgt, was sich ohne die Hand Juliettes, die jetzt wieder ruhig ist, auf meinen Computer schreibt: *„Ich bin kein*

*passives Kind mehr, das sich nicht mehr rührt, ich
will, dass man mich hört und dass man mich
versteht. Ich spreche zu euch im Kopf und ihr hört
nichts. Das ärgert mich sehr. Kinder der Welt sind
alle miteinander verbunden. Wir sprechen alle im
Kopf und das funktioniert sehr gut. Man kann mit
Leuten sprechen, die sehr weit weg sind, und es
funktioniert. Und ihr seid nebenan und hört nichts.
Deswegen ärgere ich mich. Ich kann sagen, es ist
zu heiß oder es ist zu kalt und ihr hört nicht. Jetzt
habe ich Durst.*"

Juliette lacht, während ihre Mutter ihr zu trinken
gibt. Dann, als ich mich getrieben fühle, die
Kommunikation wieder aufzunehmen, schreibe
ich: *„Ich gebe Lebensfreude an Erfindung…*"
Juliette schreit und beruhigt sich, während sich
folgendes aufschreibt: *„Hör auf, nicht richtig
hinzuhören. Ich spreche von der Wörtermacherin*,
(offenbar bin ich die Wörtermacherin).
*Wörtermacherin genießt und ich will gehört
werden. Ich mag die Flüssigkeit nicht, aber ich
brauche sie, Dilemma. Ich will zum Leben
vorwärtsgehen, aber ich beherrsche meine
Bewegungen nicht, Dilemma. Das Leben ist
schwer.*"

Indem meine Gegenwart Juliette erlaubte, ihre
Suche nach dem Sinn auszudrücken und ihr
Übermaß an Emotionen abzureagieren, hatte sie
mich gezwungen, ständig meine eigenen Grenzen
zu erweitern. An diesem Tag hatte sie mich dazu
gebracht, ihre Hand loszulassen, um schneller

vorzugehen. Sie gab mir zu verstehen, dass ich sehr wohl mit ihr kommunizieren konnte, ohne ihre Hand stützen zu müssen. Ihre Schreie dienten dazu, mich zu verständigen, wenn der Empfang gestört war. So konnte ich beruhigt sein, denn Juliette wusste den Inhalt des Geschriebenen richtig zu heißen.

Um den systematischen Einsatz von Schreien zu vermeiden, entwickelten wir allmählich, mithilfe ihrer Mutter einen Code, um den Inhalt des Geschriebenen als richtig anzuerkennen. Augen, die sich fest verschließen, bedeuten Ja. Wenn die Wörter ihren Gedanken nicht getreu sind, informieren mich leichte Schreie über die Verformung. Auf diese Weise ist kein Zweifel mehr möglich.

Während der folgenden Sitzung schrieb sie mit meiner Stütze: *„Habt Vertrauen, ihr könnt schneller sein. Ich gebe euch meine Hand, um euch Freude zu machen, aber ihr könnt ohne sie vorgehen.“* Der Plural bezieht Diane ein, die sich in Gestützter Tiefenkommunikation ausgebildet hat und regelmäßig mit ihrer Tochter schreibt. Juliette beruhigte also ihre Mutter: *„Ich gebe Mama recht, die Wörter kommen zu lassen. Wir sind in einem gemeinsamen Gedanken vereint. Wenn du dich auf mich konzentrierst, dann bin ich mitten in deinem Kopf und du denkst mit meinem Geist und mit deinen Worten.“*

Obwohl mir Juliette bewiesen hat, dass man in Gestützter Tiefenkommunikation auch ohne Stützen der Hand schreiben kann, vermeide ich es, auf das Stützen zu verzichten. Ich möchte die begleitete Person so aktiv wie möglich bleiben lassen, damit sie auch wirklich an dem Prozess teilnimmt, denn sonst wird der Prozess wie außerhalb der Person erlebt. Ich glaube auch, dass durch den Körperkontakt, die Wandlung vollkommener ist als ohne diese Stützung.

Juliettes Gesundheit verbessert sich allmählich, so dass sie ihr Stützkorsett verlassen kann, auch wenn ihr Kopf noch gehalten werden muss. Juliette gibt uns an, was ihr helfen könnte: *„Mehr Leben in mir, achtsam sein. Ich lebe von innen her auf, aber erweckt meine Sinne."*

Doch scheint dieser Vorgang unendlich zu sein: *„Großreinigung in mir ist eine lange Aufgabe. Dem Alltäglichen einen Sinn geben. Die Stücke meines Körpers flicken, um mein Herz sprechen zu lassen."*

Die Erwartung ihrer Angehörigen ist für sie problematisch: *„Ich bin in Frieden, aber eure Besorgnis steckt mich an. Wenn ihr an mich glaubt, ist es in Ordnung. Stimuliert mich allmählich, ohne Ergebnisse zu erwarten."*

Juliettes Krankheit trägt dazu bei, dass eine große innere Wandlung stattfindet. Im März 2002 schreibt sie Folgendes über ihr derzeitiges Erleben:

„Tiefer Frieden.
Von innen her, baue ich mich neu auf, um wieder zu leben.
Ich bin wie das Küken,
Es braucht Zeit für die Reifung, damit es aus dem Ei schlüpfen kann."

Einige Monate später, schneidet Juliette dieses Thema erneut an:

„Ich schlüpfe aus einem Mantel von Schmerzen
Auf den Rändern meiner vergangenen Ängste.
Ich pflücke die Blütenblätter überwältigender Hoffnung
Und ich lege auf den Winkel meines Herzens
Die realisierbaren Hoffnungsreihen.
Ich wandere in Begleitung von Gott
Auf dem barmherzigen Pfad der Wiedergeburt.
Hin zu einem Leben voll von Gott und den Menschen,
Und von Gott, der sich im Menschen verbirgt.
Ich spüre Trost in meinem Herzen,
Gestreichelt vom Hauch menschlicher Liebe,
Entflammt von himmlischer Liebe.
Seht immerzu die Flamme, die im Herzen leuchtet."

Aber Juliettes Gesundheit ist noch sehr heikel. Sie schreibt einige Monate später: *„Schnell, öffne die Knoten, die mein Herz zusammenziehen. Ich bin* *schwach, ich fühle mich schwach. Schwer, meinen Körper zu bewohnen. Um dicker zu werden, muss ich meinen Körper bewohnen. Papa hilft mir, damit ich endgültig lande. Ich liebe ihn von ganzem Herzen. Er weiß, was mir hilft, aber ich widerstehe. Ich brauche diese Standhaftigkeit.*"

Juliette, wie zweifellos zahlreiche andere Menschen in ihrer Lage, empfindet die Welt völlig anders als wir. Sie schreibt zu diesem Thema: *„Ich fühle mich anders, sehr viel anders. Ich kommuniziere ständig auf allen Ebenen der Existenz und das Leben ist absolut nicht, wie ihr glaubt. Das Leben ist eine ewige Runde, Tanz. Ich existiere hier und anderswo und ihr auch. (…) Wichtig, zu sehen, dass alles eins ist. (…) Leiden in mir. Bauchweh. Das Wichtige liegt nicht da. Ihr könnt veröffentlichen, was ich sage, das ist sehr viel wichtiger als viele andere Dinge, das wird anderen Kindern helfen, die dasselbe durchleben und nicht verstanden werden. Die Delphine sind unsere Herren und unsere Beschützer…*"

Juliette ist auch sehr für ihre Familie da und das Stützen der Hand dient dazu, sich an jeden einzelnen zu wenden und ganz besonders an ihre kleine Schwester, die ihr sehr wichtig ist: *„Ich wage es, in meinem Herzen Wörter zu singen, die nicht über meine Lippen kommen.*

Und für meine Schwester, reihe ich die Wörter sanft aneinander.
Zoé ist meine geliebte Schwester,

159

Ich liebe ihre Anwesenheit an meiner Seite.
Wir sprechen von Herz zu Herz miteinander
Sie ist ein vom Himmel herabgekommenes Licht,
um mein Leben zu erhellen.
Die Rosen des Vergessens, des Vergessens der
Schmerzen von gestern."

Sie erwähnt auch ihre große Frustration, nicht sprechen zu können:

„(…) Ich würde euch so gerne Dinge sagen, mit meinem Mund sagen.

Ich suche nach den Tönen, aber sie kommen nicht so, wie ich sie geschaffen habe, heraus.

(…) Es ist so schwer, sprechen zu wollen und nichts kommt heraus.

Ich würde so gerne sagen, von selbst sagen und auch schreiben.

(…) Ich möchte schreiben, die Wörter des Schweigens des Herzens tippen. Du weißt, die Wörter, die ganz auf dem Grund sind und die du nicht sagen kannst, ohne dass sie echte Realität verformen."

Im Verlauf der Sitzungen und in Beantwortung der ihr gestellten Fragen, erteilt Juliette auch Informationen über ihre körperliche Wahrnehmung. Viele andere Themen werden ebenfalls angeschnitten, wovon einige, sehr persönliche, keinen Platz in diesem Buch haben. Die Last der Störungen, die mit den vorhergehenden Generationen verbunden sind, wird erwähnt, um sich zu befreien: *„Gliedere mich in die Linie der Frauen ein, die frei von Wörtern sind (…) Um stabile Basis in den Lebensbaum zu bringen und Wurzeln wachsen zu lassen, um mich zu tragen."*

Sie spricht außerdem von ihrem inneren Konflikt zwischen dem Wusch, gleichaltrige Kinder zu treffen und dem Problem, das ihr der Unterschied, den sie in Bezug auf sie wahrnimmt, bereitet: *„Zu hellsichtig, ich bin sehr hellsichtig. (…) Ich mag die Kinderspiele nicht. Wisst ihr, ich verstehe alles, ich habe den Himmel sich öffnen gesehen."*

Aber immer wieder kommt sie auf ihre Sorgen zurück, die weit über den Horizont eines kleinen Mädchens hinausgehen, wie zum Bespiel in diesem Gedicht:

„Ich habe Lust, ein Gedicht zu schreiben,
Ein Liebesgedicht an die Vögel, die Boten der Engel.
Um das Herz der Menschen zu erwecken.
Ich möchte während der Nacht über das Herz der Erde wachen
Und Friedenssamen ins Herz der Menschen säen."

161

Kurze Zeit nach ihrer ersten Kommunion, bittet Juliette darum, die Kommunion öfter zu erhalten und schreibt:

„Ich berühre die Grenze, ich sehe das Licht von innen und von außen, das Ziel, die Zielscheibe und den Bogenschützen. Der Schöpfer schickt eine Skizze auf die Leinwand des Lebens. Das unreine Herz des Menschen verformt das Bild und das Leben entzieht sich."

Sie beweist eine Reife, die weit über ihr Alter hinausgeht und häufig hat mich der Inhalt ihrer Texte mit meinen eigenen Grenzen konfrontiert und gleichzeitig meine Glaubenswerte erschüttert. Was kann ein zehnjähriges Kind, das an einer Krankheit leidet, die es jeglicher Autonomie beraubt, dazu bringen zu schreiben: *„Ich gebe mich dem Fluss der Augenblicke hin, ich habe keine andere Wahl. Sagen, wie sehr sich meine Seele an dieser Schicksalsprüfung geprägt hat. Ich musste lernen, zu leben ohne etwas zu kontrollieren. Heute ist großer Frieden in mir."*?

Dieser Text, der eine außergewöhnliche Reife beweist, ist nur ein Beispiel unter anderen. Er verweist uns an eine Dimension, die uns entgeht. Die Weisheit, die von den Schriften dieses Kindes ausgeht, zeigt einen langen Weg, der mit ihrem Alter nicht kompatibel ist.

Mit Hilfe all derer, die sie begleitet haben, hat Juliette um ihre Gesundung gekämpft, doch war sie zweifellos einem anderen Schicksal bestimmt.

Bis zuletzt brachte sie auf unterschiedliche Art und Weise alle diejenigen, die mit ihr verbunden waren, voran.

Der letzte Text, den Juliette mir anvertraute, gelangte unter völlig ungewöhnlichen Umständen zu mir, die weit über den Rahmen der Gestützten Tiefenkommunikation hinausgehen.

Sie war es, die mich dazu gebracht hatte, ohne Stützung ihrer Hand tippen zu wagen. Am Tag nach ihrem Tod, fühlte ich mich angetrieben, meine Tastatur zur Hand zu nehmen. Sehr gerührt von dem, was erschien, ließ ich die Worte sich hinschreiben. Ich wusste sofort, dass es sich um Juliette handelte, einerseits, weil ich ihre Energie wieder erkannte und andererseits, weil ich, selbst wenn meine Hände den Text tippten, unfähig gewesen wäre, dessen Urheber zu sein.

Dieser letzte Text, der hauptsächlich ihren Angehörigen bestimmt war, überschreitet weitgehend den Familienrahmen. Dieses Kind, so zart in seinem Körper, war immer zu ausgedehnten Horizonten gerufen worden. Ihre letzte Aussage ist ihrem tiefen inneren Bestreben treu. Sie wurde während der religiösen Zeremonie, die ihre Geburt im Himmel begleitete, vorgelesen. Hier der Text:

„Ja, ich wünsche mir sehnlich, das hergeben zu können, was noch in meinem Herzen ist und ich nicht sagen konnte. Wie sehr ich Mama liebe, wie sehr ich Papa liebe, wie sehr ich Zoé liebe. Und auch danke an all diejenigen, die während meiner langen Krankheit um mich waren.

Ich habe geglaubt, dass das Leben in meinen Körper zurückkehren könnte, aber dieser Körper wurde zutiefst aufgewühlt, verändert, verformt, wie ein Kokon, der dazu bestimmt ist eine Wandlung zu erleben.

Alles ist richtig so. Wir erleben eine große Änderung. Ich sage wir, denn alle Menschen sind betroffen.

Ich bin ein bisschen Pionierin, ich habe eine andere Lebensweise erprobt und meine Krankheit hat meiner Seele einen großen, großen Weg ermöglicht. Einen großen Weg, der mir Zugang zum blendenden Licht des großen Ganzen erlaubt.

Es gibt mehrere Lichtstufen und dieses Leben unter euch, eure aufmerksamen Pflege, der durch Worte zurückgelegte Weg, das alles hat dazu beigetragen, eine wesentliche Etappe in der Entwicklung meiner Seele zu erreichen.

Ihr stellt euch nicht vor, ihr, meine Eltern, dass ihr mir erlaubt habt, einen Weg zurückzulegen, der die Welten verbindet und zur höchsten Glückseligkeit führt.

Ich liebe euch und werde immer bei euch sein.

Ich bin gegenwärtig, ganz gegenwärtig und die Angst hat mich für immer verlassen.

Ich habe gelernt, was ich lernen musste, das allerhöchste Loslassen, das Aufgeben im Vertrauen.

Ich habe gelernt, wie sehr ich euch vertrauen konnte, wie sehr ihr gespürt habt, was gut für mich war. Wir haben voneinander gelernt und das Leben geht weiter. Unsere Seelen schmücken ein Netz der Liebe, das die Schranken der Welten überschreitet.

Mama, vor allem behalte deine Unbeschwertheit und deinen Humor.

Dein Humor hat mich früher geärgert, ich war manchmal so ernst und du hast mich eine Unbeschwertheit gelehrt, die mir fremd war.

Sieh wie sehr wir verbunden sind und wie sehr ich euch liebe.

Ich bin ganz nahe und kenne eure Traurigkeit.

Ich kenne sie so gut.

Papa, wenn du wüsstest welch großes Licht von dir ausgeht.

Ich bin ganz nahe auf deinem Herzen und spüre deine sanfte Wärme.

Ich liebe euch so sehr.

Das Wichtige ist der Frieden, der tief im Herzen ruht, in diesem geheimen, unantastbaren Raum, der nur Gott gehört.

Dieser Frieden, ich spüre ihn wie einen Mantel, der uns umhüllt und schützt.

In diesem Frieden sind wir eins.

Ich liebe euch.

Juliette.“

Juliette war eines dieser Kinder, das unsere Gewohnheiten durcheinander bringt und uns vorankommen lässt dank seiner ungewöhnlichen Präsenz, seines eindringlichen Blickes und seiner erstaunlichen inneren Weisheit.

Nach meiner Rückkehr aus dem Urlaub, zeigte mein Anrufbeantworter dreiundzwanzig Anrufe an. Zwanzig davon betrafen Kinder und Jugendliche.

Manche Kinder, die heute zur Welt kommen, verunsichern ihre Eltern. Sie sind hyperaktiv oder, im Gegenteil, in sich gekehrt, haben oft Schwierigkeiten, sich in die vorhandenen Strukturen einzufügen und sind so sensibel und empfänglich, dass sie ernsthaft gestört werden können, sobald ein Leiden oder eine Sorge ihre Angehörigen und manchmal sogar ihre Lehrer trifft.

Das nächste Kapitel dieses Buches ist diesen Kindern gewidmet, die es so sehr nötig haben, verstanden und anerkannt zu werden und die ihrem tiefen Wesen noch so nahe sind.

Die Hand, Bote des Herzens

KAPITEL XI

DIE KINDER UND DER AUSDRUCK DES WESENS

Ich empfange regelmäßig gesunde Kinder, die jedoch unter verschiedenen Störungen leiden: Schlafstörungen, Albträume, Bettnässen, Angstgefühle.

Die Gestützte Tiefenkommunikation erweist sich als sehr wirksam, um solche Situationen zu verbessern. Bei Kindern hatten die Leiden noch keine Zeit, sich zu kristallisieren und in einigen Fällen zumindest, genügen zwei bis drei Sitzungen, um eine wirkliche Erleichterung zu schaffen.

Über die erlittenen Schwierigkeiten hinaus, erstaunen mich viele Kinder mit einer Form von Reife, die eigentlich mit ihrem Alter unvereinbar ist.

Ich habe in den vorigen Seiten von diesem elfjährigen Kind gesprochen, das wissen wollte, was es auf der Erde zu suchen gekommen ist. Der Text, den es mit meiner Stützung geschrieben hat, machte mich sprachlos. Ich habe ihn nicht aufgehoben, doch erinnere ich mich an diesen Satz: *„Ich bin gekommen, um die Dualität von Schatten und Licht zu erproben."*

Am meisten überraschte mich die Art und Weise, wie er seinen Text entgegennahm während ich ihn ihm vorlas. Der Inhalt, den ein Weiser hätte schreiben können, erstaunte ihn absolut nicht. Er klang sichtlich wie eine Bestätigung dessen, was er bereits fühlte. Er richtete sich lediglich auf, als hätte er sich mit seiner wahren Identität in Einklang gebracht. Es schien mir, als wäre er gekommen, um sich zu erinnern, wer er war.

Die Kinder bringen nicht alle eine so ungeheure Weisheit mit sich, aber viele überraschen mich dennoch.

...

Nicolas ist fünf Jahre alt. Seit seiner Geburt schläft er schlecht, wacht häufig auf, gequält von schrecklichen Albträumen. Seine Mutter hat bereits viele Spezialisten aufgesucht, doch ohne großes Ergebnis.

Sein Text ist seltsam, manchmal schwer verständlich, was er schreibt scheint weit von dem entfernt zu sein, was ein Kind in diesem Alter beschäftigt und steht in keiner Beziehung zu der von seiner Mutter erwähnten Problematik:

„Menschheit in Gefahr braucht Hilfe. Ich bin Kind der Sterne. Ich führe, Platz geben, Baby hat das Licht im Herzen Gottes schimmern sehen. Schwer auf der Erde zu sein. Ich bin sicher, am richtigen

Platz zu sein. Mama meines Herzen ist Zärtlichkeit.

Zorn durch schwierigen Zugangsweg gekommen zu sein. Ich nenne Wiederauftauchen der definierten Vergangenheit den Raum, ich spreche vom entfernten und nahen Raum. Sagen, dass Wasser und große Tiefe der Seele sich im Wasser widerspiegelt. Ich habe Angst gehabt, Wasser wäscht jedoch, lässt meine Angst fliehen. Geburt ist ein harter Weg, ich söhne mich mit der Erde aus, gebe Recht, die Erde ist meine Begleiterin, ich liebe sie.
Neues Leben präsentiert sich unter neuem Tag. Geburt, in diese Welt kommen, keine Abschirmung, ich nenne in diese Welt kommen.

Die Verbindungen herstellen, die Fäden ziehen, Mama Gewinnerin, gewinnende Mama, die mich zum Sohn hat, ist zu sensibel gegenüber meiner Launenwechsel.

Sage, dass ich großes Schicksal trage, großes Feierleben. Angst, die Energien zu niedrig zu fühlen. Ich fühle von Innen her, ich bin der Leser meiner... die Köpfe folgen nicht.“

Die Wörter „*keine Abschirmung*" in Bezug auf die Erwähnung seiner Geburt, lassen an den Schirm denken, von dem Bernard Montaud in seinem Buch „*L'accompagnement de la naissance*" (die Begleitung der Geburt) spricht, einen Schirm, der sich von Geburt an so entfaltet, dass das

Neurosensorische System des Babys nicht überlastet wird: „Ebenso natürlich wie wir unsere Hände vor die Augen legen, wenn uns ein Horrorfilm unerträglich wird, so setzt das Neugeborene einen Schirm ein, und sein Bewusstsein des Erwachens wird zu einem einfachen Wachzustand.[38]"

Das bedeutet, dass das Neugeborene, das mit dem Ganzen und mit absolut allem, was sich in seinem umgebenden Raum abspielte in Kontakt war, spontan die empfangenen Informationen filtern wird.

Eine alte Tradition erwähnt den Engel des Vergessens, der den Säugling besucht und auf seinen Lippen die Spuren seines Vorübergehens lässt: „Es gibt eine alte Legende, die sagt, dass alle Kinder vor ihrer Verkörperung mit den göttlichen Wahrheiten in Verbindung stehen. Aber im Augenblick ihrer Geburt, küsst sie ein Engel auf die Lippen und versiegelt sie hierdurch. Deshalb müssen die Menschen alles lernen: sie erinnern sich an nichts.[39]"

Ist Nicolas eines dieser Kinder, das der Engel des Vergessens nur gestreift hat? Wie Flavio, ein argentinischer Junge, der in seinem Buch *Ich komm aus der Sonne*" schreibt: „Aber ich war auf der Hut, und als der Engel kam, bog ich den Kopf

---

[38] Bernard Montaud, *L'Accompagnement de la naissance*, Verlag Edit'as, 1998

[39] Flavio Cabobianco, *Ich komm aus der Sonne*, Ch. Falk-Verlag, 1994

zur Seite, und er berührte mich nur ein ganz klein wenig. Deshalb erinnere ich mich. Es ist traurig, wenn man alles vergisst. Jetzt kommen immer mehr Kinder, die die Erinnerung an Gott mitbringen. Aber das Schwierigste ist nicht, sich zu erinnern, sondern es in Worte zu kleiden."

In diesem Buch erwähnt Flavio vorgeburtliche Erinnerungen: „Ich erinnere mich besser an die Zeit vor meiner Geburt, als an die ersten drei Jahre meines Lebens. Mein vorgeburtliches Leben überschaue ich aus allen Blickwinkeln. Meine Sicht hat keine Grenzen, da ich nicht mit physischen Augen sehe. (…) Ich erinnere mich an hunderte von leuchtenden Kugeln; alles Lebendige ist eine leuchtende Kugel. Einige von ihnen können mir behilflich sein, mich auf diesem schwierigen Planeten zurechtzufinden. Ich sehe zwei Mütter, die für mich in Frage kämen, eine mit einem starken Ego, die andere von feinerer Art, also genau richtig. Diese zweite ist mit einer Kugel verbunden, die sehr hell leuchtet. Jetzt weiß ich, dass es die Farben grün und violett waren. Sie ziehen mich an, weil sie durch Liebe verbunden sind. Sie werden meine Eltern sein. Ich weiß, dass ich gehen muss und fühle mich mehr und mehr zu ihnen hingezogen. Dann kommt ein leuchtender Tunnel, rundum ist es finster. Als ich eintrete, fühle ich mich sehr beengt, sehr eingesperrt. (…) Der physische Werdegang meines Lebens beginnt damit, dass ich in meine Mutter eindringe.[40]"

---

[40] *Ibid.*

Nicolas mit seinen fünf Jahren scheint ebenfalls Erinnerungen an die geistige Welt zu haben.

Gibt sein weiterer Text Hinweis auf seine Wahrnehmung während seiner Geburt oder auf ein früheres Gedächtnis, das in ihm vorhanden ist und zu welchem er gerade Zugang hat?

„Rechtfertige die vergangenen Unstimmigkeiten, denn Feuer lauert auf mich, Feuer eines anderen Lebens lässt das Feuer der Erde entfliehen. Sagen, dass ich das Feuer spüre.

Ich bin befreit.

Gewohnheit, ein schwaches Kind zu sein, wandelt sich in Wunsch zu wachsen."

Seine Mutter erklärte mir, dass Nicolas vom Anblick eines Waldbrands während seiner Ferien im Süden sehr beeindruckt war. Er reagierte darauf mit Schreckensschreien.

Ich weiß nicht, ob es eine Verbindung zwischen diesem Vorfall und dem unter Gestützter Tiefenkommunikation Geschriebenen gibt. Wichtig ist, dass sich auf diese Sitzung hin eine Besserung einstellte. Nicolas machte noch einen Albtraum und dann keinen mehr. Diese Sitzung fand vor vier Jahren statt.

Ich hatte kürzlich Nachrichten von ihm. Es geht ihm gut, er schläft weiterhin gut und hat keine schlechten Träume mehr, außer einmal, als seine Familie eine schwierige Zeit durchmachte.

...

Julie ist zwei Jahre alt und hat große Schwierigkeiten einzuschlafen. Mit meiner Stützung schreibt sie folgendes: *„Ich bin ein bisschen erstaunt über diese Welt, Kopf voller Fragen. Keine Lust, mich zu trennen, von Mama entfernt zu sein. (…) Ich spüre viele Dinge, schwer mich der Nacht hinzugeben. Die Unruhe kommt auch von euch. Ich will, dass alles ganz beruhigend ist, und außerdem spüre ich nachts seltsame Dinge."*

Pierre, Julies Bruder, der vier Jahr alt ist, kam ebenfalls, um in Gestützter Tiefenkommunikation zu schreiben. Er erwähnt seine große Empfänglichkeit:

„Sagen, dass ich weiß, wann Papa sich innerlich ärgert. Ich spüre das Wahre. Ich sehe auch schöne Farben und weniger schöne. Ich nehme wahr, wenn zuviel Gewalt, ich weiß, wenn man mich täuscht. (…) Ich will, dass alle in Harmonie sind, ich hasse Streit. Ich bin ein kleiner Junge, der gekommen ist, um Frieden zu bringen. Bloß sagen, dass ich nur ein bisschen Platz einnehme, meine Schwester nimmt den ganzen Platz ein. Ich wähle mein Wohlergehen. Ich beschließe, meine falschen Eindrücke zu verkaufen. Erkältung erinnert mich an Geburt von mir. Also."

Alle kleinen Kinder nehmen wahr, was ihre Eltern fühlen. Die Gestützte Tiefenkommunikation ermöglicht es den Eltern, sich dieses Phänomen wirklich bewusst zu machen.

Wichtig ist, dass die Eltern ausdrücken können, was sie erleben, so dass sich das Kind darin wiederfinden kann. Es geht nicht darum, das Kind in die Welt der Erwachsenen mitzunehmen, sondern im Gegenteil darum, es so zu informieren, dass es sich nicht mit einer Emotion identifiziert, die es nicht betrifft. Man kann ihm zum Beispiel sagen: „Ich habe Sorgen an meinem Arbeitsplatz, ich bin verärgert, ich bin nervös, aber du bist nicht schuld daran."

...

Damien ist nur eineinhalb Monate alt, als ich ihn zum ersten Mal sehe. Er hat große Probleme einzuschlafen, wacht nachts weinend auf. Außerdem fühlt er sich im Wasser nicht wohl und scheint Angst zu haben.

Mit meiner Hilfe drückt er folgendes aus:

„Ich bin manchmal traurig darüber, dass ich meinen geliebten kleinen Bruder im Herzen trage und Verlassenheit lauert auf mich, ich bin ganz allein. (…) Sagen, dass Traurigkeit noch da ist und ich brauche Zärtlichkeit. Bruder hat mich

begleitet, um mir zu helfen zu kommen und er ist noch in meinem Herzen."

Damiens Mutter erwartete Zwillinge und einer davon ging nach drei Monaten Schwangerschaft ab.

Damien fügt hinzu:

„Ich bin ganz glücklich, dir zu sagen, wie sehr ich die Dinge fühle. Ich sehe Lichter mit einem Liebesherz in der Mitte. Man muss mich beruhigen und mir Fotos von mir in Schwimme zeigen (das heißt während der Zeit im Mutterleib). *Ich bin noch mit den Welten der Lichter in Verbindung und mein Zimmer lässt mir seltsame Eindrücke. Papa bringt seine Ängste nach hause. Ich brauche Zeit, wo Papa verfügbar ist, um mich zu beruhigen. Ich bin ein Kind der Sonne. (…) Ich will sagen, wie sehr ich euch liebe."*

Auf diese Sitzung hin, zeigte Damiens Mutter ihm die während ihrer Schwangerschaft aufgenommenen Ultraschallbilder. Damien betrachtete sie mit Interesse.

Sein Vater bemühte sich, sich nach seiner Rückkehr aus dem Büro zehn Minuten Entspannung zu gönnen, um den Arbeitsstress abzubauen und für seinen Sohn da zu sein. Daraufhin begann Damien, gut zu schlafen und seine Angst vor Wasser verschwand. Er nimmt jetzt an Babyschwimmkursen teil und hat viel Freude daran.

Ich habe Damien vor kurzem wiedergesehen, als er 9 Monate alt war. Ich habe ihn gefragt, ob er einverstanden ist, dass ich seinen Text in meinem Buch zitiere. Er hat mich breit angelächelt, in die Hände geklatscht, als wolle er bravo sagen, und getippt:

„Ich sage dir, den Müttern das große Verständnis mitzuteilen. Ich weiß so viele Dinge. Ich habe, bevor ich gekommen bin, das große Licht gesehen, das von Mama und Papa ausging. Ich bin sehr mit dem Göttlichen verbunden."

...

Raphaël ist vietnamesischer Abstammung. Er wurde im Alter von vier Jahren von einer französischen Familie adoptiert. Als er zum ersten Mal zu mir kommt, ist er zwölf Jahre alt. Er ist von zarter Gesundheit, und seine Mutter muss genau auf seine Ernährung aufpassen, denn er ist auf viele Nahrungsmittel allergisch.

Im Laufe der ersten Sitzung in Gestützter Tiefenkommunikation spricht er von seinem großen Bedürfnis nach Sicherheit, das über die Wiederherstellung des richtigen Rhythmus' innerhalb seiner Psyche geht. Er erwähnt eine Art Rückkehr ins intrauterine Leben über den Kontakt mit dem Herzrhythmus seiner Adoptivmutter:

„Rhythmus hilft, des Rhythmus' in mir bewusst werden. Als Kleinkind habe ich den Rhythmus zerstört. Den natürlichen Herzrhythmus wiederherstellen. Ich habe mich vom Kummer abgeschnitten. Den Faden wiederfinden, Zeit lassen. Ich will wiedergeboren werden, den Rhythmus mit dem Herzen von Mama aus Frankreich wiederfinden. Den Herzrhythmus hören beruhigt mich und gibt mir Basis von Sicherheit.

Die adoptierten Kinder erwähnen durchwegs die Notwendigkeit, sich mit ihren biologischen und ihren Adoptiveltern in Harmonie zu fühlen. Sie sagen, wie wichtig es ist, dass ihre Adoptiveltern in ihrem Herzen einen Platz für die natürlichen Eltern ihres adoptierten Kindes lassen.

Raphaël hatte diesbezüglich keine besonderen Schwierigkeiten, aber es war ihm wichtig, in seinem Herzen *„seine beiden Mütter in einem einzigen Herzen"* vereinen zu können und dies in Gestützter Tiefenkommunikation auszudrücken.

Wahrscheinlich handelt es sich hier um ein Bild, das denjenigen, die ich begleite, in der „Datenbank", die ihnen zur Verfügung steht, leicht zugänglich ist, denn es wurde ebenfalls von einem kleinen Mädchen, dessen Eltern getrennt lebten, verwendet. So schrieb Mathilde: *„Freude, ich vereine Papa und Mama in einem einzigen Herzen in meinem eigenen Herzen."*

179

Im Laufe einer weiteren Sitzung erwähnt Raphaël den Zusammenhang zwischen der Last der Vergangenheit und seinen Allergieproblemen. Er sagt auch, wie wichtig ihm sein Ursprungsland ist:

„Freude dir zu sagen, dass der kleine Junge in mir sich mit seiner Vergangenheit aussöhnt. Zeit ist gekommen, den Körper von den Begräbnissen von Vater und Mutter zu heilen. Nützlich, die Verbindung herzustellen. Verlust des Territoriums verletzt Vater des Vaters und Unheil prägt sich dem Körper ein. Nur die Wahrheit sagen. Edle Familie vom Feuer der Menschen zerstört. Gerechtigkeit, Integrität wiederzufinden. Ich habe Friedensmission. Frieden ist im Herzen von mir und Körper entledigt sich des Stoffes der Lügen. Lüge des Körpers ist Krankheit. Nötig, breit zu atmen. Gift der Menschen hat Großvater und Vater getroffen. Freude, das Ziel zu treffen. Ich helfe Leidensgenossen, indem ich eine Zelle in mir wiederherstelle. Liebe heilt den Körper. Körper ist wunderbares Geschenk.

Man muss Frieden in der Welt helfen. Ich sage Frieden im Herzen der Menschen hilft. Den Speicher von vergangenem Leiden säubern.

Blühende Primeln schmücken Lichtherz in mir. Frühling prägt sich ein. Blumensprache wiegt mein Herz und neue Blüte erreicht die Tiefen meines Wesens. Ich entwurzele Blume des Bösen, um Narzissen zu pflanzen, die Erneuerung ankündigen.

Ich will Mama sagen, dass ich sie liebe. Ich will einen neuen Weg bauen, um die Wörter des Herzens mit dem Kopf aufzureihen. Ich will der Welt ihre Ration an Liebesvitaminen geben und eine neue Strasse zwischen meine beiden Länder bauen.

Schmerz, wenn man schlecht von meinem Land spricht. Bleibe achtsam, du musst verstehen. Stolz vom Land des großen Flusses zu sein. Freude, es zu sagen. Ich will die Geschichte neu schreiben, Geschichte falsch. Erdrückende Abwertung trifft Blutsbruder. Die Grenzen versetzen und Gerechtigkeit ist mörderisch, die Grenzen beseitigen und Frieden stellt sich ein. Freude, Bote der Zukunft zu sein."

Während einer weiteren Sitzung sagt er:

„Ich brauche einen Freiraum, um meine Flügel wachsen zu lassen. Frei, unter allen Umständen reden zu können. Einen Raum wie hier, um Wörter aufzureihen, die mein Herz erfrischen. Farbenwörter, Blumenwörter, um den schlafenden Künstler in mir zu erwecken.

Ich bin ein Friedensvogel, eine orientalische Taube und in meinem Herzen vereine ich Orient und Okzident. Dafür bin ich gekommen: um zwei Welten in der Harmonie meines eigenen Herzens zu vereinen.

Vor allem, mir richtig sagen, dem Kind, das stolpert, sagen, wie groß und würdig sein Herz ist. Ich bin verstört über die Dinge, die man nicht sagt, über die Geheimnisse. Mich nur beruhigen, das ist alles."

Raphaël hat noch viele Schwierigkeiten, aber dank der verschiedenen Hilfen, die er genießen konnte, hat sich seine Gesundheit beträchtlich verbessert.

...

Ich empfange regelmäßig adoptierte Kinder und stelle fest, welch gute Trostquelle die Gestützte Tiefenkommunikation für sie ist.

Sein Kind zur Adoption freizugeben ist häufig ein großer Liebes- und Verzichtbeweis von Seiten seiner Mutter. Über die durch Stützen der Hand geschriebenen Wörter tritt das Kind mit dieser Liebe wieder in Kontakt und das gibt dem erlebten Verlassenwerden einen neuen Sinn. Das ermöglicht es dem Kind auch, seine biologischen Eltern ins Herz zu schließen und trägt dazu bei, dass die Adoptiveltern den biologischen Eltern dieses Kindes den Platz einräumen, der ihnen geziemt.

In einigen Fällen kommt eine Rückkehr zur Seelenwahl, die dieses Schicksal leitet, zum Vorschein. Eine Teenagerin koreanischer Abstammung schreibt: *„Vater und Mutter des*

Blutes haben mir Reichtum ihrer Vergangenheit und ihrer Liebe gegeben. Sie haben mich mit einem ganzen, seit langem bekannten Universum in Verbindung gebracht. Vater und Mutter des Lebens sind auch Wahl meiner Seele. Land des Lebens ist Träger einer neuen Öffnung, meine Seele lernt den intensiven Lebenselan zu kanalisieren. Freude, Harmonie in Herz von mir zu bringen. Alles ist richtig."

Der in Gestützter Tiefenkommunikation getippte Text ermöglicht es dem Kind, sich mit seiner Inkarnation und den manchmal schmerzhaften Umständen seiner Geburt auszusöhnen.

Damit ein Kind freudig das empfangen kann, was das Leben ihm bietet, denke ich, dass sich eine Harmonie zwischen seinem Inkarnationswunsch und dem Kinderwunsch seiner Eltern, zwischen dem Seelenplan und dem Sinnplan, der der Empfängnis vorausgeht, einstellen muss. Der Empfängniswunsch enthält einen Plan der Eltern. Dieser oft ins Unbewusste gefallene Plan ist, was ich den Sinnplan nenne in Bezug auf die Arbeiten von Marc Fréchet und Christian Flèche[41]. Es handelt sich um den Plan, den die Eltern während der neun Monate, die der Empfängnis vorausgingen, hatten. Das Kind ist Träger dieses Plans, und wenn es speziell in dieser Familie zur Welt kommt, dann kann es doch sein, dass der

---

[41] Christian Flèche, *Mon corps pour me guérir*, Verlag Le Souffle d'Or, 2000

Sinnplan mit dem Inkarnationsplan seiner Seele in Resonanz steht.

Innerhalb einer bestimmten Kultur zur Welt zu kommen und in einem anderen Kontext erzogen zu werden wäre demnach Bestandteil des Inkarnationsplans der Seele. Das ist nur eine Hypothese, aber sie könnte den Prüfungen, die das Leben uns auferlegt, Sinn geben.

Wenn sich eine Verbindung zwischen dem Seelenplan und dem Sinnplan, der der Empfängnis vorausgeht, herstellt, kann sich die Harmonie endlich einstellen.

...

Lucie, neun Jahre alt, ist sehr schweigsam. Sie kann ihre Emotionen schlecht ausdrücken. Sie hat gerade ihren Großvater verloren, weswegen ihre Mutter sie zu mir bringt. Was sie in Gestützter Tiefenkommunikation schreibt ist sehr verwirrend, da der Inhalt des Textes kaum zu ihrem Alter zu passen scheint:

„Ich will Mama meine ganze Liebe sagen, wir kennen uns seit so langer Zeit. Ich habe gewählt, zu dieser Mama zu kommen, sehr wichtig. Sehr wichtig, mir zu helfen, Vertrauen in mich zu behalten.

Ich bleibe ungesättigt, wenn die Dinge langsam sind.

Ich glaube an den Menschen. Ich bin eine Erweckerin. Ich bringe Licht in die Herzen und möchte der Heilung der Erde und der Tiere helfen.

Ich hänge sehr an Großvater. Er spricht zu meinem Herzen. Ich fühle ihn in meinem Herzen anwesend. Eine kleine Flamme der Liebe verbindet uns und ich weiß ihn im Licht.

Ich komme von einem fernen Stern und schwer, meine tiefen Gefühle nicht zu teilen.

Freude, mein Herz zu öffnen, es ruht auf dem Stern der Träume.

Ich zerstreue die Ängste in den Träumen, die Ängste kommen von vor meiner Geburt. Angst, blockiert zu bleiben, große Panik und Mama nicht verletzen. Ich sage, was zu tun ist, ich ersticke, Gefühl der Beklemmtheit. Ich löse das auf, ich evakuiere die Angst und binde mich an heiterer Mama fest. (…)

Freude, mein Herz zu leeren und es mit Liebe zu füllen."

...

Was mich berührt ist die Art und Weise, wie das Wesen aus diesen Kindertexten heraus auftaucht. Sie alle sind auf natürliche Weise ihrer Wahrheit nahe, aber diese Nähe scheint nicht wirklich bewusst zu sein.

Alle Kinder tragen in sich einen Traum vom Paradies und von Einheit, aber nicht alle erleben diese Einheit bewusst. Was mich erstaunt ist gerade diese Bewusstheit, die die meisten Kinder, die zu mir gekommen sind, an den Tag legten.

Meine Erfahrung mit Kindern zwingt mich, meine Sicht der Welt in Frage zu stellen.

In ihrem letzten Text, bekannte Juliette: *„Ich ein bisschen Pionierin. Wir erleben eine große Wandlung. Ich sage wir, denn alle Menschen sind betroffen."*

Wäre es möglich, dass wir – im Gegensatz zu dem, was die Erscheinungsbilder dieser von allen Arten von Gewalt zerrissenen Welt mutmaßen lassen – auf eine neue Menschheit zugehen, auf „das Neue", so wie es in *„Die Antwort der Engel"* erwähnt wird?

„Geboren ist das seit langem verkündete Neue!
(…)
Der neue Ton schwingt jetzt,
Die neue Sonne kommt jetzt,
Jetzt, wo die Kraft der alten Sonne
Im Mittag steht, (…)
Heute wendet sich alles.
HEUTE – VON EWIGKEIT ZU EWIGKEIT.[42]"

---

[42] Gitta Mallasz, *Die Antwort der Engel*, Verlag Daimon 2010

In ihrem Buch *„Sprung ins Unbekannte"*, kommentiert Gitta Mallasz die Worte des Engels folgendermaßen:

„Ist es das Endes des Zyklus' „Alpha-Omega" und der Anfang von „Omega-Alpha"?

Ist es das Ende der Ausatmung des Schöpfers und der Beginn der Einatmung, die eine neue Welt erschafft?

Ist es das Ende der blinden Nacht und der Anfang der „sehenden" Helligkeit?

Ist es das Ende der Isolierung, die wir selbst geschaffen haben und der Beginn der endlich bewusst gewordenen Einheit mit allem was lebt?"

Das Spiel des Lebens führt uns schrittweise von der Unbewusstheit des nicht Differenzierten zur Bewusstheit der „Einheit, die alles Seiende umfasst".

Das ist der Weg des Babys, das allmählich von der Osmose, der Verschmelzung mit seiner Mutter, zur Wahrnehmung seiner Differenziertheit gelangt, um bestenfalls im Erwachsenenalter, über die geschaffenen Bindungen, die das Leben umfassende Einheit bei vollem Bewusstsein wiederzufinden.

So wäre die Wende, die sich einzuleiten scheint, eine weltweite Bewusstwerdung der das Leben umfassenden Einheit. Die Besorgnis um die Umwelt, die Entwicklung der Ökologie und des biologischen Ackerbaus wären somit die Vorboten.

Was die Kinder betrifft, so kann ich nur feststellen, wie sehr einige von ihnen, die mich aufsuchen, die Wahrnehmung der Einheit aller Lebensformen bewusst erleben.

Flavio erklärt in seinem Buch: „Ein neues Kind weiß, dass es Teil eines Ganzen ist. Wenn man versucht, ihm die Idee des „Meinigen" oder „Mir gehörenden" zu lehren, versteht es das nicht. Es kann das „Meinige" nicht vom Ganzen trennen, obwohl das individuelle Selbst von unendlicher Vielfalt ist.[43]"

Die in den meisten von Kindern und auch von einigen Erwachsenen getippten Texten auftauchenden Symbole, weisen auf ein harmonisches Universum hin, in welchem Frieden herrscht. Die Wendungen mancher Sätze lassen an die Reise des „Kleinen Prinzen" denken, der vom Himmel auf den Planeten Erde gefallen ist.

Wenn ein Kind schreibt: *„Ich komme von einem fernen Stern", „Ich bin ein Kind der Sterne", „Ich komme aus der Sonne"*, bestehe ich auf der Tatsache, dass es heute einen irdischen Werdegang durchlaufen muss und dass es aus dem Wunsch und der Liebe seiner Eltern

---

[43] Flavio Cabobianco, *Ich komm aus der Sonne*, Ch. Falk-Verlag, 1994

hervorgegangen ist. Ich biete keinerlei Interpretation der erwähnten Symbole an.

Dennoch habe ich festgestellt, welch ungewöhnliche Reife die Texte der *„Sternenkinder"* bezeugen. Ich nehme daher einfach diese Bewusstseinsöffnung des Schreibenden zur Kenntnis.

In seinem Buch *„Ich komm aus der Sonne"* erklärt Fabio Cabobianco: Als ich „Ich komm aus der Sonne" schrieb, war ich sehr klein und kannte nur wenige Wörter. Ich muss daher einige Erklärungen darüber abgeben, dass es sich natürlich nicht um sie physische Sonne handelt, sondern um die spirituelle. Bevor ich auf die Erde kam, hielt ich mich in dieser Lichtquelle auf, um in die physische Ebene eindringen zu können.

Ich bin nicht der einzige, der aus der Sonne kommt. Alle Kinder, die jetzt zur Welt kommen und auch alle Erwachsenen, die einen Wandlungsprozess durchlaufen, haben eine offene Verbindung mit dem Licht.[44]"

Die Begleitung von Kindern erfordert besondere Vorsichtsmassnahmen. Die innere Weisheit, die manchmal aus den Texten hervorgeht, könnte die für das zuträgliche Wachstum der jungen Autoren verantwortlichen Personen irreführen.

---

[44] Ibid.

Wie auch immer die Bewusstseinsöffnung des Kindes beschaffen ist, so muss es zunächst geführt werden, um sich ohne Schaden ins soziale Leben einzufügen und die mit dem Leben in der Familie und der Gesellschaft verbundenen Einschränkungen auf sich zu nehmen.

Es wäre meiner Meinung nach ein schwerer Fehler, die innere Weisheit und die Bewusstseinsöffnung mancher Kinder in den Vordergrund zu stellen, ohne die Anpassungsbestrebungen, die zu ihrer Geburt in diese Welt, so wie sie heute ist, beitragen, zu werten.

Sich einfügen heißt, das, was ist, ohne Urteil und ohne Zurückweisung anzunehmen, das heißt auch, einen jeden so zu akzeptieren, wie er ist und wo er gerade in seiner Entwicklung steckt.

Eine Marginalisierung des Kindes wegen seiner offensichtlichen Andersartigkeit bringt meiner Ansicht nach eine doppelte Gefahr mit sich:

Einerseits könnte dies seinen Widerstand gegenüber der Dinge, die das Leben ihm bietet, nähren und somit sein Leiden durch die Tatsache, dass er sich abgetrennt und anders fühlt, stärken.

Andererseits ist es gut möglich, dass die unter manchen „New Age[45]"-Milieus verbreitete Idee, derzufolge die neuen Kinder eine Art Elite bilden,

---

[45] Ich beziehe mich auf Bücher, die sich vor allem in den Vereinigten Staaten zum Thema der „Indigokinder" verbreitet haben.

die gekommen ist, um der Menschheit zu helfen, das in Bildung befindliche Selbst dieser Kinder aufbläht und die eingeleitete Wandlungsarbeit zunichte macht, wenn diese Idee ohne Vorsichtsmassnahmen weitergegeben wird.

Der Begriff „frühreifes Kind" oder „überdurchschnittlich begabtes Kind" haben denselben Nachteil.

Vielleicht entspricht diese Idee der sich abzeichnenden Wende. Es ist möglich, dass, in einem Rahmen, der unsere irdische Realität übersteigt, hoch entwickelte Seelen im Gange sind, sich vielfach auf der Erde zu inkarnieren.

Angesichts einer derartigen Realität haben wir Erwachsenen die Verantwortung, diesen Kindern zu helfen, ohne Schaden heranzuwachsen.

Vergessen wir nicht, dass es sich um eine Realität handelt, die die Seele betrifft und nicht das vorübergehende Selbst, das Ego. Auf dem außergewöhnlichen Aspekt zu bestehen, verstärkt das Leiden, sich „von Gott und den Menschen getrennt" zu fühlen.

Das bringt auch die Gefahr mit sich, die unterschwellige Idee der Überlegenheit dieser Kinder zu stärken.

Wirklich wichtig ist, dass sich ein jeder voll und ganz akzeptiert fühlt.

In vielen Fällen befreit die Tatsache, mit dem ganzen Reichtum seiner Besonderheit anerkannt zu werden, ein Kind von seinem Widerstand gegen die vom gesellschaftlichen Alltag auferlegten Wahlen. Ich habe festgestellt, welch rasche Fortschritte Kinder mit schlechten schulischen Leistungen machten, sobald sie sich in Gestützter Tiefenkommunikation ausdrücken und in der gesamten Dimension ihres Wesens angenommen fühlen konnten.

Ziel ist es, diesen Kindern zu erlauben, all ihre Potenziale innerhalb eines sozialen Kontextes auszudrücken, welchen sie mit all seinen Aspekten, so wie sie heute auftreten, annehmen müssen.

Auf alle Fälle ist es wichtig, stets der Tatsache bewusst zu sein, dass es unmöglich ist, dauerhaft Änderungen für etwas zu erbringen, das man von Anfang an ablehnt.

Es scheint, dass heute Kinder zur Welt kommen mit dem geistigen Ziel, die sich abzeichnende Evolution zu fördern.

Manche schreiben in Gestützter Tiefenkommunikation: *„Ich bin eine Erweckerin. Ich bringe Licht in die Herzen und möchte der Heilung der Erde und der Tiere helfen"*, so Lucie und Raphaël erklärt:

„Ich bin ein Friedensvogel, eine orientalische Taube und in meinem Herzen vereinige ich Orient und Okzident. Dafür bin ich gekommen: zwei Welten in der Harmonie meines eigenen Herzens zu vereinen."

Die beste Weise, ihnen zu helfen ist, ihre Entfaltung in der Akzeptanz dessen, was ist, zu ermöglichen, ohne natürlich zu vergessen, dass nichts endgültig festgelegt ist, dass sich die Welt ständig weiterentwickelt und sie an dieser Weiterentwicklung teilnehmen.

Wenn ich ein Kind begleite, das Anpassungsschwierigkeiten zeigt und mit meiner Stützung schreibt *„Ich komme von einem fernen Stern"* oder *„Ich bin ein Kind der Sterne"* oder auch *„Ich komme aus der Sonne"*, erinnere ich es daran, dass es vor einigen Jahren dank der Liebe seines Vaters und seiner Mutter auf der Erde geboren wurde. Aber ich nehme auch die Sehnsucht, die zwischen den getippten Worten schwebt, wahr.

Es kommt vor, dass ich einem Kind, das Schwierigkeiten hat, sich um die Lehren, die das Leben ihm bietet, zu bemühen, folgendes Beispiel gebe: „Wenn ich mich entschließe, nach China zu reisen, werde ich zunächst Chinesisch lernen, die Ideogramme entziffern lernen, damit ich mich problemlos in den Strassen zurechtfinden kann. Ich informiere mich auch über die in diesem Land gültige Etikette, um kein falsches Verhalten an den Tag zu legen, das die Menschen, denen ich begegne, verletzen könnte. Es scheint mir, dass du in dir die Erinnerung eines großen Friedens trägst, einer Art Einheit. Aber jetzt bist du hier, auf der Erde, in Frankreich, und du musst lernen, wie die Dinge hier funktionieren."

Ein solches Beispiel wird im Allgemeinen gut aufgenommen.

Der getippte Text harmonisiert Bewusstes und Unbewusstes und trägt dazu bei, dass das Kind ohne Vorbehalte entgegennimmt, was das Leben ihm bietet.

Jedoch bedeutet eine Anpassung an die Umwelt so wie sie heute ist nicht, dass man sich von seinen Empfindungen abschneiden muss, um den Erwartungen der „Erwachsenen" zu entsprechen.

Es ist sehr wichtig, dass das Kind über einen Raum verfügt, wo es sein emotionales Erleben ausdrücken kann, einen Raum, in dem es sich wirklich angehört fühlt und wo es seine Spannungen und die emotionalen, mit der Konfrontation eines einschränkenden Rahmens verbundenen, Lasten auflösen kann.

Zahlreiche äußerst sensible und intuitive Kinder haben sich letztendlich von ihrer Empfänglichkeit abgeschnitten, um weniger zu leiden. Oder aber sie vertrauen ihrer eigenen Funktionsweise nicht mehr, weil diese von ihrer Umgebung verurteilt wurde und sie sich sehr abgewertet fühlen.

So zum Beispiel Marion, ein achtjähriges Mädchen, das folgendes schreibt:
„In einem Käfig, ich fühle mich in einen Käfig gesperrt, Schule erdrückt mich in ihren Klauen. Ich weiß innerlich, ich weiß und kann mich dem, was man von mir verlangt nicht beugen, große Angst, falsch zu handeln blockiert jede Möglichkeit voranzugehen. Ich zweifle an dem, was ich weiß und unendliche Sintflut stellt sich ein. Ganz klein und unfähig fühle ich mich. Aus der Falle herauskommen, um frei von Angst vor Schuld und schlecht zu sein zu leben.

Intuition ist richtig. Globalen und strahlenden Gesichtspunkt annehmen. Zerstückeln beraubt mich des Sinnes. Grosses Bedürfnis nach Sinn. Mich nur daran erinnern, wer ich bin und Vertrauen kehrt wieder.

Angst löst sich in bläulicher Wolke auf. Lebensband stellt mich wieder her. Freude.“

Marion ist verstört, sobald man ihr eine Situation serienweise vorstellt. Viele Kinder, die ich empfange, sprechen über ihre Schwierigkeit zu verstehen, was ihnen stückweise dargeboten wird. Es ist ihnen unerlässlich, den allgemeinen Sinn einer Situation zu begreifen, und sie sind durch eine zu große Zerstückelung der zu erwerbenden Kenntnisse verwirrt.

Unsere Rolle ist es, diesen Kindern zu helfen, sich selbst zu vertrauen.

Für manche hat die Tatsache, sich anders, *„inkompatibel mit der gestellten Aufgabe"*, zu fühlen eine starke Abwertung zur Folge. Es ist daher notwendig, ihnen zu helfen sich so zu akzeptieren, wie sie sind und alles anzunehmen, was ihre Besonderheit ausmacht.

Wenn man ihre Stärken hervorhebt, ihre intuitiven Kapazitäten und ihr Geschick, eine Situation in ihrer Gesamtheit zu verstehen, können sie nach und nach andere Fähigkeiten entwickeln und auf die ihnen gestellten Anforderungen antworten, ohne sich von ihrer Intuition abzukapseln.

Der Begleiter ist auch ein Mittler. Einerseits ermöglicht er es den Eltern und Lehrern zu verstehen, was in dem Kind vorgeht und andererseits hilft der dem Kind, gewisse Einschränkungen zu akzeptieren ohne daran zu zerbrechen, indem es sich von seinen besonderen Ressourcen abtrennt.

Eine große Bewusstseinsöffnung geht mit dem Gefühl der Einheit all dessen, was ist, einher. Der Wettstreit, wie er oft in unseren Schulen stattfindet, hat keinen Sinn für jemanden, der sich mit allen Erscheinungen des Lebens verbunden fühlt.

Eine richtige Zusammenarbeit, eine gegenseitige Hilfsbereitschaft entsprechen weit besser den Veranlagungen dieser neuen Kinder.

Dennoch denke ich, dass es möglich ist, ihnen zunächst zur Eingliederung zu verhelfen, indem man ihnen den bestehenden Wettstreit wie ein Spiel darstellt. Wir können sie in diesem Spiel so begleiten, dass sie gerne spielen, ohne sich zu verlieren und trotzdem Freude am Lernen und am Fortschritt haben. Dabei ist aber die Möglichkeit nicht zu vergessen, diesem Spiel eine Gruppenhilfe einzuverleiben.

Erfahrung und Beobachtung dessen, was die Kinder erleben, haben mir bewusst gemacht, dass auf keinen Fall der Körper vergessen werden darf. Marie-Claude Maisonneuve erwähnt in ihrem Buch *„Maman, papa, j'y arrive pas!*[46]" (Mama, Papa, es gelingt mir nicht) die Remanenz der Säuglingsreflexe. Diese Remanenz wirkt wie eine Bremse, die die Verwurzelung verhindert und der harmonischen Entwicklung des Kindes schadet, sofern sich die späteren Entwicklungsphasen nicht auf einen stabilen Sockel stützen können. Das Kind, dessen primitive Reflexe ungenügend inhibiert sind, bleibt äußerst sensibel und verletzlich. Die von den Kindern in Gestützter Tiefenkommunikation geschriebenen Texte geben Hinweise auf die Schwierigkeiten, denen sie während ihrer Säuglingszeit begegnet sind. Diese

---

[46] Marie-Claude Maisonneuve, « *Maman, papa j'y arrive pas !* », Verlag Quintessence 2008

197

Schwierigkeiten sind manchmal der Ursprung einer Remanenz gewisser primitiver Reflexe. Eine zusätzliche Spezialbehandlung ermöglicht es, zu der fehlenden Etappe zurückzukehren, um ein ausgewogenes Funktionieren des Körpers wieder herzustellen.

Es ginge zu weit, hier dieses Thema länger zu behandeln, ich erwähne es nur, um die Bedeutung der körperlichen Entwicklung zu unterstreichen.

Im Körper sind auch die Erinnerungen eingeprägt, die während der Sitzungen in Gestützter Tiefenkommunikation zu Tage treten. Das nächste Kapitel beschreibt, was sich in der Materie des physischen Körpers, Ankerpunkt der Umwandlungen, abspielt.

KAPITEL XII

DER PHYSISCHE KÖRPER, ANKERPLATZ DER WANDLUNGEN

Die Begleitung in Gestützter Tiefenkommunikation erfordert einen taktilen Kontakt: die Stützung der Hand. Dieser Kontakt beruft sich auf den Tastsinn und die Art und Weise, wie er gehandhabt wird, hat Einfluss auf die therapeutische Wirkung.

Respekt, Aufmerksamkeit und Annahme sind die Grundbegriffe für den Begleiter. Sie tragen dazu bei, dass sich das für den guten Verlauf der Sitzung erforderliche Vertrauensklima einstellt. Dieses Vertrauensklima ermöglicht es dem Begleiteten loszulassen, die Kontrolle abzulegen, um sich dem aus seinen eigenen Tiefen kommenden Heilungselan hinzugeben. Oft ist ein Prickeln in der Handfläche spürbar, manchmal sogar am Ende des Zeigefingers der schreibenden Person.

Gleichzeitig steht das, was ich in meinem eigenen Körper empfinde mit dem, was im Körper der begleiteten Person vorgeht in Verbindung, flüchtige Schmerzen, ein Stechen im Solarplexus oder im Herzen, was auch von der Person, die ich begleite, gespürt wird.

Es scheint, dass Begleiteter und Begleiter für die Zeit einer Sitzung harmonisiert, also auf dieselbe harmonische Schwingung eingestellt sind. Dank dieser Harmonisierung käme die linke Hirnhälfte des Gestützten mit der rechten Hirnhälfte de Stützers in Resonanz, um so die aus dem Unbewussten des Gestützten kommenden Informationen entschlüsseln zu können. Die Hirnhälften sind dann in Osmose, indem sie ein harmonisches Gleichgewicht zwischen den betreffenden Frequenzen der in Kontakt befindlichen Personen herstellen.

Was sich im Körper abspielt, kann weder aufgezeigt noch bewiesen werden, zumindest noch nicht. Was ich jedoch im Laufe der Sitzungen beobachtet habe und was mir von den begleiteten Personen zurückgemeldet wurde, erlaubt es mir, Hypothesen aufzustellen, die zwei Betrachtungsweisen einbeziehen: „Die Nachforschung im Zellengedächtnis", so wie Myriam Brousse sie beschreibt, und die Faszientherapie.

In seinen Gesprächen mit Richard Evans sagt Jung: „Die Psyche ist der psychische Aspekt der lebenden Natur. Sie ist sogar der psychische Aspekt der Materie.[47]"

Diese Sicht der Psyche scheint mit der Hypothese eines Mentals der Zellen überein zu stimmen, so

---

[47] Zitiert von Marie Louise von Franz, C.G. Jung

wie Satprem es in seinem Buch[48] mittels der Erfahrung von Mutter, Lebensgefährtin von Sri Aurobindo, erklärt. Es handelt sich um die Erfahrung eines bewussten Absteigens in die verschiedenen Körperschichten. Dieses Erlebnis hat Mutter mehr als zwanzig Jahre lang mit Satprem geteilt.

Der Physiker Emmanuel Ransford erwähnt seinerseits den Begriff der Psychomaterie, der aus der Quantenphysik hergeleitet ist.

Ihm zufolge wäre die physische Realität eher psychomateriell als nur materiell. Diese Hypothese macht das seltsame Verhalten der Elektronen und Elementarteilchen verständlich.

Die Psychomaterie ist eine Art „Supermaterie", die Materie und Geist vereint. Sie umfasst zwei Kausalitätsformen: eine deterministische und eine zufällige. Emmanuel Ransford nennt die eine Exokausalität und die andere Endokausalität. Er erklärt dies in seinem Werk *„La Nouvelle Physique de l'Esprit*[49]*"* (Die neue Physik des Geistes).

Die Psychomaterie setzt voraus, dass eine tiefe Einheit zwischen der Natur und den Lebewesen, die sie bewohnen, besteht. Sie webt unsichtbare Fäden, die Raum und Zeit transzendieren und in den Weiten des Universums Solidaritätsnetze

---

[48] Satprem, *Das Mental der Zellen*, Daimon Verlag, 2006

[49] Emmanuel Ransford, *La Nouvelle Physique de l'Esprit*, Verlag Le Temps Présent, Sammlung « Champ Limite », 2007

schaffen. Diese Fäden machen uns untereinander abhängig von allem Seienden. Sie verbinden uns mit der Gesamtheit der Welt.

Diese Solidaritätsnetze tragen und übertragen die Informationen psychischer Natur, die „Suprels". Diese „Suprels" liefern eine objektive Basis für Begriffe wie das kollektive Unbewusste, unsere Ahnengedächtnisse und unsere Zellengedächtnisse. Letztere sind in unsere Gewebe eingegebene „Suprels".

Diese unterschiedlichen Theorien haben eines gemeinsam, nämlich dass das Gedächtnis im Inneren der Materie, im Inneren des physischen Körpers lebendig ist.

In ihrem Buch „La descente dans le corps" (Das Absteigen in den Körper), schlägt Myriam Brousse eine Kartographie der verschiedenen untersuchten Schichten vor mit dem Ziel, die Zellengedächtnisse, die uns zu ungeeigneten, sich wiederholenden Schemata antreiben, zu desaktivieren. Ihre Arbeit, die sich auf die Schriften von Mutter über das Mental der Zellen stützt, bildet für unsere Methode eine interessante Überlegungsbasis.

„So finden wir Mutters berühmten Behälter, Symbol unseres Eingeschlossenseins wieder: wir verbarrikadieren uns in verschanzten Positionen, die uns von der Wahrheit trennen. Mutter gibt ihnen den Allgemeinbegriff ‚das Mental'.

Darüber liegt das, was Mutter die **„tödlichen Gewohnheiten"** nennt: die soziokulturellen Reflexe, die unsere Zugehörigkeit zu einer Gruppe kennzeichnen und etwa wie der Deckel des Behälters funktionieren. Sie sind im Prinzip leicht zu reparieren, da sie klar definiert sind.

Darunter befinden sich **das intellektuelle Mental, das emotionale Mental, das sensorische Mental** und **das physische Mental.**[50]"

Ich stelle oft, im Verlaufe mehrerer Sitzungen mit derselben Person eine Art immer tieferen Absteigens fest, das uns allmählich von der Emotion zum Gefühl führt, um schließlich ein physisches Empfinden, das auf dem aufgesuchten Gedächtnis fundiert, herbeizuführen.

So besucht die Person dieselben Räume, dieselben Erlebnisse, aber auf unterschiedlichen Ebenen. Myriam Brousse bemerkt ihrerseits:

„Bei zwei Augenblicken der Arbeit, liefert der Körper nicht dieselben Worte, wobei jedoch die jüngeren die älteren nicht ungültig machen. Der Unterschied zeigt lediglich, dass man tiefer in diese Intimsphäre seines Selbst hinabgestiegen ist und dass jetzt ausgesprochen werden kann, was vorher hartnäckig verschwiegen wurde.[51]"

---

[50] Myriam Brousse, Eric Franqueville und Brigitte Pagani, *La descente dans le corps*, Verlag Quintessence, 2007

[51] *La descente dans le corps*, obenstehend zitiert

Aber wo im Körper werden diese Gedächtnisse „gelagert"? Sind bestimmte Räume, eher als andere, die Sammelbehälter dieses Mentals der Zellen?

Dank einer persönlichen Arbeit in Faszientherapie konnte ich feststellen, wie sehr diese Methode mit der Gestützten Tiefenkommunikation komplementär ist. Diese Komplementarität betrifft auch die manuelle bioenergetische Therapie, die der Faszientherapie sehr nahe ist.

In seinem Buch „Le corps auto-guérisseur" (der selbstheilende Körper) definiert Seymour Brussel die Faszien folgendermaßen: „Die Faszien sind besondere Arten von Bindegeweben, die so organisiert sind, dass sie makroskopische Strukturen trennen (...) Auf energetischer Ebene, stellen sämtliche Faszien ein komplexes System an Energievektoren dar, an Kanälen, die unsere Zellen speisen und reinigen.[52]"

In Bezug auf das Bindegewebe erklärt er: „Das Bindegewebe kann man als eine Art mehr oder weniger dichtes Gel verstehen, in welchem unsere Zellen liegen. Ihr Muster macht den ganzen Menschen aus."

---

[52] Seymour Brussel und Rodolphe Meyer, *Le corps auto-guérisseur*, Verlag Dervy 2008

Seymour Brussel zitiert den Osteopathen Andrew Taylor Still, für den „die Krankheit in den Faszien beginnt":

„Ich habe viele Jahre lang geglaubt, dass das System der Lymph- und Zellfaszien (...) sich mit unreinen und ungesunden Flüssigkeiten füllt, lange bevor die Krankheit ausbricht und der als Fermentation bekannte Änderungsprozess mit seinen elektromagnetischen Störungen die Ursache von mindestens 90% der Krankheiten, die wir zu lindern versuchen, ist.[53]"

Die Freisetzung der Toxine erfolgt durch Lösen der Spannungen, innerhalb der Faszien. Die Kontraktion ist die einzige Antwort unserer Gewebe auf Stress. Sie entspricht einer Schutzreaktion und betrifft ebenso die Zelle (ihre Membran, ihre Hülle) wie auch jedes andere Gewebe des menschlichen Körpers. Diese Spannungen lassen eine Art „Staudamm" entstehen, der die Toxine zurückhält. Das Loslösen ist das einzige Gegenmittel für eine Gesundung.

Wenn die Spannung zu lange zurückliegt, zu stark oder zu tief ist, kann das Lösen der Gewebe nicht erfolgen. Die manuelle bioenergetische Therapie oder die Faszientherapie ermöglicht es, in die Tiefen zu gehen, um die Spannungen zu lösen, doch ist die Blockade in einigen Fällen zu groß.

---

[53] Andrew Taylor Still, *Osteopathy, Research and Practice*, Eastland Press, 2003

Die Gestützte Tiefenkommunikation scheint ebenfalls auf körperlichem Gebiet zu wirken und die Befreiung der in den Geweben, um die Faszien herum, angelagerten Stressgedächtnisse zu ermöglichen.

Das zeigen die Rückmeldungen, die ich von manchen Osteopathen und Faszientherapeuten erhalte, die mir ihre Patienten überweisen, wenn sie einer Blockade gegenüberstehen, die ihrer Behandlung widersteht. Diese Therapeuten beschreiben, wie sehr ihre Arbeit durch eine vorausgehende Sitzung in Gestützter Tiefenkommunikation erleichtert wird. Die Gestützte Tiefenkommunikation erlaubt tatsächlich die Freisetzung der tiefen Ängste, welche die Spannungen in den Faszien bewirken.

Die Arbeit mit manueller bioenergetischer Therapie, Faszientherapie oder Osteopathie ist in dem Maße komplementär als sie es ermöglicht, dass sich die Wandlung tief in den Körper, in die Materie, einprägt.

Das Kapitel über den Körper fand sich nicht in der vorhergehenden Version dieses Buches, das unter dem Titel „*CPA, un chemin vers l'être par la communication profonde accompagnée*" (GTK, ein Weg zum Sein durch Gestützte Tiefenkommunikation) erschienen war.

Es lag mir am Herzen, diesen Aspekt meiner Arbeit genauer zu erläutern, denn ich stelle fest, dass der Körper oft auf dem Weg zur Selbsterkenntnis vergessen wird. Doch verankert sich die Wandlung wirklich innerhalb der dichten Materie, von einem in jedem von uns vorhandenen Gesundheitsraum aus.

Der Körper lügt nicht, er ist sozusagen Zeuge unserer Evolution und sagt die Wahrheit da, wo unser Intellekt nach Ausflüchten sucht...

So stellt sich auch in der Gegenwärtigkeit im Körper die Gegenwärtigkeit im Augenblick ein, frei von jeglicher mentaler Störung.

207

Die Hand, Bote des Herzens

KAPITEL XIII

GEGENWÄRTIGKEIT IM AUGENBLICK

Die Gegenwärtigkeit im Augenblick, frei von jeglicher an die Vergangenheit oder die Zukunft gebundener Störung, ist in Wirklichkeit das Endziel einer jeglichen Arbeit zur inneren Wandlung, über die Besserung hinaus, die von der Integration der von der Psyche verdrängten Aspekte gebracht wird.

Das Gefühl zu sein, die Vollständigkeit, die ich in jeder meiner Zellen spüren kann, dieses Gefühl befreit mich von der Vergangenheit, weil ich sie nicht mehr brauche, um meine Identität zu verantworten.

Ich bin, über meine Diplome, meinen Beruf und meine soziale Zugehörigkeit hinaus. Ich brauche mein Leiden nicht mehr, um mich lebendig zu fühlen.

Ich brauche keine starken Emotionen mehr, um zu wissen, dass ich bin.

Den gegenwärtigen Augenblick leben, aus der psychologischen Zeit aussteigen, aus der Vergangenheit und den mit schmerzhaften Erfahrungen verbundenen Ängsten aussteigen, aus der Zukunft und der Angst vor der Zukunft, die außerdem auf den Projektionen meiner Vergangenheit gründen, aussteigen. Ich habe Angst vor morgen, weil ich mich an die Leiden von gestern erinnere.

Ziel ist es, mich von meinen Lebensbedingungen zu trennen, um eins mit dem Leben selbst zu werden.

Meine Lebensbedingungen sind an den zeitlichen Alltag gebunden. Sobald ich ins Zeitlose, in einen Raum der Nicht-Zeit übergehe, kann ich Zeuge des in der Zeit wirkenden Aspekts meiner werden.

So desindentifiziere ich mich von meinen Emotionen und gelange von der Reaktion zur richtigen Aktion.

Die Reaktion ist an die Konditionierung gebunden, das heißt an das, was in der Vergangenheit in Erfahrung gebracht wurde, und hat wenig mit der augenblicklichen Situation zu tun. Die richtige Aktion läuft in der Gegenwärtigkeit im Augenblick ab.

Die Sitzungen oder vielmehr der Inhalt der getippten Texte enthält für die von mir begleiteten Personen eine Anregung, die Fülle des Augenblicks mit vollem Vertrauen zu leben.

Marianne ist eine sehr aktive Person. Sie lebt in der Provinz und kommt alle drei Monate zu mir.

Sie steht zu einem gewissen Zeitpunkt einer unerklärlichen Schwierigkeit gegenüber im Hinblick auf Initiativen, die sie ergreifen soll, als wäre sie von einer starken Trägheit ergriffen. Mit Stützung der Hand schreibt sie folgendes: *„Was ich als Trägheit empfinde, ist keine. Es ist die Pause, die halbe Pause, die die Erneuerung der Harmonie meiner Lebensmelodie ermöglicht. Der Körper braucht diese halbe Pause. Äußerer Raum spiegelt meinen inneren Raum. Es ist Zeit, einen Raum des Schweigens im Herzen meines Herzen einzurichten. (…) Nur hier unnütze Schuldgefühle ablegen, sie sind Gift für meinen Körper und mein Herz."*

In Gestützter Tiefenkommunikation, drückt sich die Einladung, bewusst das zu leben, was sich anbietet, häufig auf sehr symbolische Weise aus: *„Meinem inneren Ohr die Tür öffnen und die Nacht wird Trägerin des Tages werden."*

Oder auch: *„Nur im Gleichklang mit der Liebe, die das erste Atom in sein Gleiches aus Licht wandelt, vibrieren. (…) Sagen, wie sehr ich gebremst habe, um annehmbar zu sein. Voll und ganz leben, Bremse auf die Tastatur legen. Lebensrad dreht sich ohne Stoss, Synchronizität tritt in mein Leben ein, diese Geschenke mit Vertrauen und Dankbarkeit annehmen."*

Es handelt sich um eine Einladung, die Widerstände gegen das Bestehende loszulassen.

Dieses Loslassen ist von der Gegenwärtigkeit im Augenblick untrennbar. Denn wie kann ich meine ganze Aufmerksamkeit „dem, was ist" widmen, wenn ich es verweigere oder wenn ich bestimmte Bestandteile dessen, was das Leben mir bietet, zurückweise?

Die Einladung, den Augenblick in seiner Vollständigkeit zu leben, taucht im Allgemeinen nach einer langen Arbeit innerer Wandlung auf. Die Gegenwärtigkeit im Augenblick kann sich einstellen, wenn die Gegensätze angenommen und in uns vereinigt werden.

Das Gleichgewicht zwischen den gegensätzlichen Polaritäten stellt sich ein, sobald wir die für unsere Zivilisation typische Hypertrophie des Intellekts überwunden haben.

Es geht nicht darum, den Intellekt abzulehnen, sondern ihm zu ermöglichen, seinen passenden Platz im Dienste des Herzens und des Geistes einzunehmen, das heißt im Dienste des Größten in uns.

Dann wechselt das Mental sein Ziel. Es gibt seinen Hang, Teilung zu schaffen, auf, um zur Vereinigung der Gegensätze beizutragen. Die in der Psyche vorhandenen gegensätzlichen Aspekte können so angenommen und integriert werden. Die vom Widerstand gegen das Seiende eingenommenen Energien sind jetzt für den richtigen Ausdruck des „Selbst" verfügbar.

Christine drückt dies mit meiner Stützung so aus: *„Befriedung mit mir selbst setzt Schöpfungskraft frei."*

Im Augenblick gegenwärtig zu sein bedeutet auch anzunehmen, was der Tag mir zu jeder Sekunde bringt, ohne etwas abzulehnen. Das ist, wie Christine in Gestützter Tiefenkommunikation schreibt: *„Mich geschmeidig in den Lebensfluss einfügen, ohne etwas abzuweisen. Und Geschenk des Lebens erfüllt mich mit vibrierender Freude. Annehmen, dass Geschenk des Lebens anders ist als das, was fieberhaftes Warten vorsieht."*

Das Warten trennt mich von der Gegenwart. Die Furcht, dass der Tag mir Unannehmlichkeiten bringt, die ich vermeiden möchte, schafft Widerstände. Diese Widerstände, die nur Projektionen von früheren Erlebnissen sind, werfen mich sogleich in die Vergangenheit zurück. Sie sind zugleich eine Fessel an meine Vergangenheit, die mich daran hindert, in der Gegenwart anwesend zu sein, und ein Schirm, der die Realität, so wie sie wirklich ist, verhüllt.

Indem ich den Augenblick lebe, werde ich zum Zuschauer meines eigenen Erlebten ohne Erwartung und ohne Zurückweisung.

Da zu sein für meine Gefühle, meine sinnlichen Wahrnehmungen, und gleichzeitig für die Informationen, die meine Sinnesorgane mir liefern, voll empfänglich zu sein, versetzt mich von Anfang an in das Erleben des Augenblicks.

Ich habe einen Kurs von Romola Sabourin[54] besucht, die die „Schule der fünf Sinne" gegründet hat, um dem Pflegepersonal die Wirkung der Gegenwärtigkeit in der Gefühlswahrnehmung bei jeglicher Pflege- und Hilfstätigkeit bewusst zu machen.

Ich konnte selbst feststellen, wie sehr das Achten auf die Gefühlswahrnehmungen den Zustand der Gegenwärtigkeit begünstigte.

Romola Sabourin beendet ihr Buch *„Les cinq sens dans la vie relationnelle"* (Die fünf Sinne im beziehungsgeprägten Leben) folgendermaßen: *„Mutter Natur hat uns mit diesen Werkzeugen, unseren fünf Sinnen, ausgestattet und hat sie lange und geduldig seit dem Erscheinen des Lebens auf unserem Planeten verfeinert.*

Diese Werkzeuge sind nicht perfekt, das gebe ich zu; sie setzen uns Grenzen. Aber wenn wir sie voll und ganz einsetzten, wenn wir an ihre Grenzen rührten, dann könnten wir sie überschreiten und

---

[54] Romola Sabourin, rumänischer Abstammung, kam mit 17 Jahren nach Frankreich. Sie Studierte Medizin und Psychologie, um den Menschen in seiner Gesamtheit und über die verschiedenen Altersstufen hinweg zu verstehen. Als Gestalterin und Mitorganisatorin von mehr als zehn Konferenzen unter dem allgemeinen Titel: „Der Pfleger, Handwerker der Humanisierung", realisierte sie 1990 die Konferenz: „Die fünf Sinne und ihre Rolle in der Beziehung Pfleger-Gepflegter" und gründete die Schule der fünf Sinne.

überwinden. Wir hätten Zugang zu den „Geheimnissen" des sechsten Sinnes und der nachfolgenden; wir fänden die vierte Dimension und vielleicht noch weitere. Wenn, wie ich es in „Dieu et la science[55]" (Gott und die Wissenschaft) lese: ,Das Leben aus einer im Herzen der Materie eingeschriebenen Notwendigkeit entstanden ist'... und wenn... ,Das Leben unwiderstehlich zum Erklettern einer aufsteigenden Leiter berufen ist'... und wenn weiterhin ,Eine Erhebung in der Evolution vorhanden ist', dann erscheint mir die Geschichte der fünf Sinne äußerst sinnvoll.[56]"

Zweifellos haben die von Romola angebotenen Kurse, mich bewusst mit meiner Gefühlswahrnehmung in Kontakt zu bringen, mir ein sehr wirksames Mittel der Zentrierung zur Verfügung gestellt.

Zu Beginn einer jeden Sitzung in Gestützter Tiefenkommunikation, nehme ich mir Zeit, um mich zu zentrieren. Das bedeutet, dass ich mir eine Pause gönne, während der ich rasch alle Teile meines Körpers durchlaufe und dabei auf meine Atmung und alle vorhandenen Wahrnehmungen achte.

Das ist für mich eine Art konditionierter Reflex geworden, der sich einstellt, sobald ich die Hand meines Gegenübers stütze.

---

[55] Jean Guitton, Grischka und Igor Bogdanov, *Dieu et la science*, Verlag Grasset 1991

[56] Romola Sabourin, *Les cinq sens dans la vie relationnelle*, Verlag Erasme, 1995

Während dieser Pause bin ich voll und ganz anwesend und bereite mich darauf vor, mich in den Dienst der Person, die ich begleite, in einen Raum der Zeitlosigkeit zu begeben.

Das Endziel ist, aus der psychologischen Zeit herauszukommen, um in den Raum des Wesens, das außerhalb der Zeit lebt, einzutreten. In diesem Raum transzendiert sich die Dualität.

Weil ich mich selbst in diesen Raum versetze, ermögliche ich es der Person, die ich begleite, allmählich dahin Zugang zu finden.

Nach und nach kann sie sich von ihren verschiedenen Prägungen befreien, die Identifikation mit den emotionalen Reaktionen aufgeben, um schrittweise zu lernen, in der Gegenwart, wo das Wesen vibriert, zu leben, wo sich der Frieden des Herzen dauerhaft einnisten kann.

Ziel ist es nicht, aus der Vergangenheit zu schöpfen, sondern in der Gegenwart im Augenblick Bruchstücke meiner Vergangenheit, die mir nützlich sind, um meine Gegenwart mit verstärktem Bewusstsein zu leben, auftauchen zu lassen.

Die Vergangenheit ist ein Fass ohne Boden, es enthält alle Erinnerungen der Menschheit und ich könnte den Rest meines Lebens damit verbringen, die darin verborgenen Bilder zu betrachten. Zuletzt würden diese Bilder mein Ego nähren und mich von der Gegenwart im Augenblick abschneiden.

Die einzige Vergangenheit, die mir nützlich ist, ist die, die sich in der Gegenwart, die ich bewusst lebe, zeigt.

Der Zustand der Gegenwärtigkeit, in welchem ich handle, ist wichtiger als die Handlung selbst. So wird die Vertiefung der Qualität meiner Gegenwärtigkeit zum Sinn meines Lebens. In einem gewissen Stadium wird die Frage nach dem „Sinn meines Daseins" zugunsten der Suche nach der Qualität des Seins, des „Wie ich da bin" verschwinden.

Dann wird die richtige Handlung möglich:

> *„Tat zur rechten Zeit*
> *Ist Tat außer Zeit*
> *Dort bin ich*
> *Und dort verstehst du mich mit dem Herzen*
> *Und nicht mit dem Kopf.*[57]*"*

---

[57] Gitta Mallasz, *Die Engel erlebt*, Daimon Verlag, 2002

Die Hand, Bote des Herzens

ZUM ABSCHLUSS...

Ich selbst habe mich auch dank der Menschen, die ich begleitet habe, weiterentwickelt. Der Lebensweg ist wie eine aufsteigende Spirale, die sich endlos in ein ständig erneuertes Unbekanntes emporschraubt.

Die Größe des Wesens, die manchmal in Gestützter Tiefenkommunikation auftaucht, hat sich auch in einigen von meinen Klienten erlebten numinösen Erfahrungen während Sitzungen in Freiem Wachtraum offenbart.

In jedem von uns schlummert ein wunderbares Potenzial an Liebe, das zutage tritt, sobald sich ein geeigneter Raum für seinen Ausdruck öffnet.

Meine Begleitarbeit hat mir schnell gezeigt, in welchem Maße wir alle verbunden und für die Welt, in der wir leben, verantwortlich sind. Zuletzt bestimmt mein inneres Universum, das äußere Universum, in dem ich lebe. Es ist gewissermaßen die Materialisierung meines inneren Universums, und die Konflikte, die ich außerhalb durchlebe sind ein Barometer meiner inneren Konflikte.

Die Bewusstmachung der Verantwortung eines jeden für sein Leben ermöglicht es, aus der

Opferrolle auszusteigen und mit Würde seine Zukunft in die Hand zu nehmen.

Wir sind alle solidarisch miteinander und ich verletze die Menschen, die mich umgeben, wenn ich meiner Aggressivität freien Lauf lasse.

Die erstaunliche Arbeit des japanischen Forschers Masaru Emoto ist ein lebendes Zeugnis der Einwirkung unserer Gedanken und Worte auf unsere Umgebung.

Unter Zuhilfenahme von ultraschnellen Aufnahmen und nach Aussetzen von in Reagenzgläsern enthaltenem Wasser an verschiedene ausgesprochene oder auf Etiketten auf die Reagenzgläser geklebten Wörter, stellte er fest, dass die durch Einfrieren entstandenen Wasserkristalle eine vom Wasser erfahrene Wandlung aufzeigten, wenn besondere und konvergierende Gedanken an es gerichtet wurden.

Zu seiner Arbeit sagt er: „Dem Wort ‚Danke' ausgesetztes Wasser zeigte wunderschöne Kristalle mir fünfeckiger, klar gezeichneter Form, während Wasser, dem das Wort ‚Idiot' zugeschrieben wurde, ähnliche Kristalle wie die, welche sich aus der Heavy Metal Musik ergaben, aufzeigte, ebenso verformt und gebrochen.[58]"

---

[58] Masaru Emoto, *Die Botschaft des Wassers*, Verlag Koha, 2002

Nachdem ich weiß, dass der Mensch zu 70% aus Wasser besteht, kann ich mir leicht vorstellen, welchen inneren Verformungen ich mein Wesen aussetze, wenn ich mich Idiotin schimpfe... und welchen Schaden ich demjenigen zufüge, den ich genauso behandle... Umgekehrt verwandelt mich das Liebes- und Dankbarkeitsfeld, mit dem ich mich umgebe und hat eine positive Wirkung auf die Menschen, welchen ich begegne.

Diese Bewusstmachung trägt zu einem der Ziele meiner Arbeit bei. Die Tatsache, mit einer der Psyche innewohnenden Liebeskraft in Kontakt gebracht zu werden, ermöglicht es dem Menschen, den ich begleite, immer mehr Bewusstsein in sein tägliches Leben zu bringen. Das hilft ihm auch, nach und nach das Urteil aufzuheben, welchem er sich selbst aussetzt, sowie alle diejenigen, die seinen Weg kreuzen.

Mir ist einmal der biblische Begriff vom „Jüngsten Gericht" in den Sinn gekommen. Vielleicht betrifft er das letzte Urteil eines Menschen über seinen Nächsten, bevor er in eine Ära des Friedens, endlich von jeglichem Urteil befreit, eintritt...

Ich bilde in der von mir verwendeten Technik Menschen in Hilfs- und Pflegeberufen, sowie Eltern sprachbehinderter Kindern aus.

Dank der von mir geleiteten Ausbildungen, bin ich gezwungen, immer wieder meine Arbeitsweise in Frage zu stellen. Die Kurse fördern den Austausch von Gesichtspunkten und meine Kursteilnehmer, die aus unterschiedlichen und ergänzenden Berufszweigen kommen, erlauben es mir, ständig meine Sicht der Begleitung zu erweitern.

Letztendlich habe ich das Lehramt, aus dem ich komme, nicht verlassen. Wir lehren uns gegenseitig und schreiten dank der Gegenüberstellung unserer Erfahrungen voran.

Nach der Veröffentlichung einer ersten Version dieses Buches unter dem Titel *„CPA, la Communication Profonde Accompagnée, un chemin vers l'Etre"* (GTK, die Gestützte Tiefenkommunikation, ein Weg zum Sein), habe ich das Thema der Familienübertragungen weiter vertieft mit dem Buch *„Et si nos ancêtres parlaient à travers nous?*[59]" (Was, wenn unsere Ahnen durch uns sprächen?). Darin bestehe ich darauf, wie wichtig es ist, das, was ist, zu akzeptieren, unsere Familie in ihrer Gesamtheit anzunehmen wie einen fruchtbaren Samen und einen Nährboden unserer Realisierung. Es handelt sich um ein „unbedingtes Ja zu dem, was ist", wie Karlfried von Dürckheim sich ausdrückt, um „den Weg" zu definieren.

Dieses „Ja" ist Liebe. Die Hand, Botin des Herzens, ist auch ihr Erschließer. Die stützende Begleitung bringt mich immer mächtiger mit der

---

[59] Martine Garcin-Fradet, *Et si nos ancêtres parlaient à travers nous ?*, Verlag Quintessence, 2008

Heilkraft dieser Liebe in Kontakt. Jean-Yves Leloup sagte über sie:

„Die Liebe ist der einzige Gott, der kein Idol ist; man behält sie nur, wenn man sie weitergibt.[60]"

Könnte unsere Menschheit doch auf eine Zivilisation der Liebe zugehen, damit die Worte Sri Aurobindos wahr werden: „Wenn die Macht der Liebe die Liebe der Macht im Herzen der Menschen ersetzt, dann haben wir das Reich Gottes auf dieser Erde."

Dann wird jede Hand Botin des Herzen in der Annahme und der Anerkennung eines jeden.

---

[60] Jean-Yves Leloup, *Si ma maison brûlait, j'emporterais le feu. L'intégrale des entretiens d'Edmond Blattchen*, Verlag Alice 2001

Die Hand, Bote des Herzens

Sie können die Autorin unter folgender Adresse kontaktieren:

eveicom@aol.com

Oder ihre Webseite ansehen:

communication-profonde.com

Die Hand, Bote des Herzens

INHALTSVERZEICHNIS

BIBLIOGRAPHIE

Brousse, Myriam ; Franqueville, Eric ; Pagani, Brigitte, *La descente dans le corps*, Edition Quitessence, 2007

Brussel, Seymour ; Meyer Rodolphe, *Le Corps auto-guérisseur*, Edition Dervy, 2008

Cabobianco, Flavio, *Ich komm aus der Sonne*, Ch. Falk Verlag, 1994

Damasio, Antonio R., *Descartes' Irrtum*, List Verlag, 1997

Damasio, Antonio R., *Der Spinoza-Effekt, wie Gefühle unser Leben bestimmen*, List Verlag, 2005

Emoto, Masaru, *Die Botschaft des Wassers*, Koha Verlag, 2002

Filliozat, Isabelle, *Die Intelligenz der Gefühle entdecken*, Walter Verlag, 1998

François, Geneviève, *L'Autisme en questions*, Edition Buchet/Chastel, 1997

Fromm, Erich, *L'art d'être*, Edition Desclée de Brouwer, 2000

Garcin-Fradet, Martine, *Et si nos ancêtres parlaient à travers nous ?*, Edition Quintessence, 2008

Mallasz, Gitta, *Die Antwort der Engel*, Daimon Verlag, 2010

Mallasz, Gitta, *Die Engel erlebt*, Daimon Verlag, 2002

Mallasz, Gitta, *Sprung ins Unbekannte*, Daimon Verlag, 2008

Eccles, John C., *Wie das Selbst sein Gehirn steuert*, Piper Verlag, 2000

Jung, C. G., *Über die Psychologie des Unbewussten*, Gesammelte Werke 7/1, Walter-Verlag, 1964

Jung, C. G., *Ma vie*, Edition Gallimard, coll. Folio, 1991

Jung, C. G., *Das Wandlungssymbol in der Messe*, Gesammelte Werke 11/3, Walter Verlag, 1954

Jung, C. G., *Die Psychologie des Kundalini-Yoga*, Walter Verlag, 1998

Jung, C. G., *Kommentar zum Geheimnis der Goldenen Blüte*, Gesammelte Werke 13/1 1982

Jung, C. G., *L'homme à la découverte de son âme*, Edition Albin Michel, 1987

Von Franz, Marie-Louise, *Alchemie, eine Einführung in ihre Symbolik*, Verlag Stiftung für Jungsche Psychologie, 2008

Von Franz, Marie-Louise, *Der Schatten und das Böse im Märchen*, Verlag Kösel, 1985

Maisonneuve, Marie-Claude, *Maman, papa, j'y arrive pas!*, Edition Quintessence, 2008

Montaud, Bernard, *L'Accompagnement de la naissance*, Edition Edit'as, 1998

Montaud, Bernard, *César l'éclaireur*, Edition Dervy, 1990

Pelt, Jean-Marie, *L'Avenir droit dans les yeux*, Edtion Fayard, 2003

Pierre, Gilbert, *Un chemin de langage dans le lacis de l'autisme*, L'Harmattan, 2007

Ransford, Emmanuel, *La Nouvelle Physique de l'Esprit*, Edition Le Temps Présent, collection « Champ Limite », 2007

Sabourin Romola, *Les Cinq sens dans la vie relationnelle*, Edition Erasme, 1995

Satprem, *Das Mental der Zellen*, Daimon Verlag, 2006

Tardan-Masquelier, Ysé, *Jung et la question du sacré*, Edition Albin Michel, 2000

Vexiau, Anne-Marie, *Je choisis ta main pour parler*, Edition Rober Laffony, 2005